AF206866

Manfred Millhoff

Doktor Pointers Tagebuch

Heitere und kritische
Einblicke in den Alltag eines Arztes

ISBN 978-3-7494-7114-0
Herstellung und Verlag:
BoD-Books on Demand, Norderstedt

von Manfred Millhoff sind bereits erschienen:

Die Varusschlacht - Anatomie eines Mythos
ISBN 3-89009-823-1 (1995)

Die „Varusschlacht" – eine Erfindung der augusteischen
Propaganda! (2011)
ISBN 978-3-8423-3002-3

Die Varusschlacht: Vom Mythos zur Wahrheit
ISBN 978-3-7481-8871-1 (2019)

Fabeln für Kids
ISBN 978-3-7347-8731-7 (2019)

Nachdruck oder Vervielfältigungen, auch auszugsweise,
bedürfen der schriftlichen Zustimmung des Verlages. Die
Namen in diesem Buch sind frei erfunden und eventuell
bestehende Ähnlichkeiten mit lebenden Personen rein zufällig.
Alle Rechte liegen beim Autor.
Druck: BoD.de
Illustrationen: Manfred Millhoff

Ein fröhliches Herz ist die beste Arzenei.
Sprüche 17,22

Humor ist der Knopf, der verhindert, dass uns der Kragen platzt.
Joachim Ringelnatz

Manfred Millhoff

Doktor Pointers Tagebuch

Heitere und kritische
Einblicke in den Alltag eines Arztes

für
Tom Oliver, Emilia
und Marlena

Medi-Zynisches

Vieles ist in unsrem Land
Äußerst schön und fast brillant,
Andres aber, wie man hört,
Leider auch beklagenswert.
So zum Beispiel sind ja Neid,
Ignoranz und Eitelkeit
Und die nationalen Thesen
Schwache Punkte stets gewesen,
Wenn es zu bewerten gilt
Unser deutsches Spiegelbild.
Außerdem fehlt voll und ganz
Vielen Deutschen Toleranz
Und sie nehmen ichbezogen
Oft statt Herz den Ellenbogen.
Da nun aber – notabene –
Mancher mag auch leise Töne
Und der Rest ganz ungetrübt
Stets nur seine Ruhe liebt,
Bohr' ich trotzdem ohne Gnade
Löcher in die Maskerade,
Dass der Leser insoferne
Aus dem Ganzen etwas lerne.

Jeder Leser sollte drum
Nach des Buches Studium
Lieber mehrfach herzlich lachen,
Als so ein Gesicht zu machen,
Denn Humor ist immerhin
Insoweit auch Medizin.

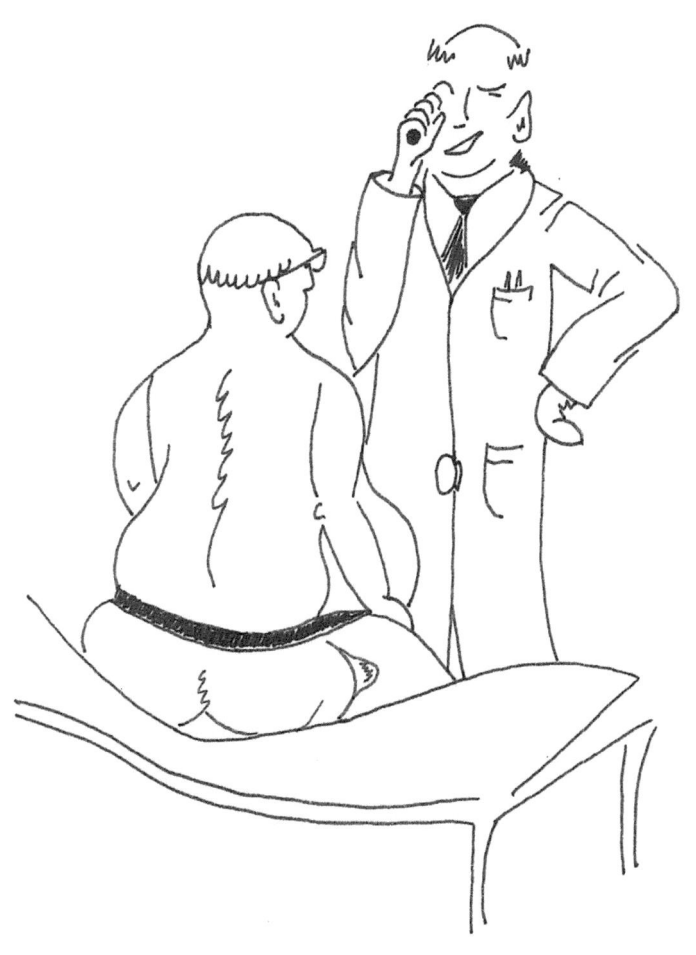

Medi-Zynisches

Aus dem Alltag eines Arztes

Pointer schnarcht um zwei Uhr früh
Einwärts, auswärts pitsch pit pü,
Plötzlich schrillt mit lautem Ton
Neben ihm das Telefon.
Pointer weiß bei solchen Klängen
Nachts nie wo die Glocken hängen,
Doch als er den Hörer nimmt,
Ist er wach und fragt bestimmt:
„Hallo Pointer! Was ist los?"
„Ah!", hört er da atemlos:
„Hier ist Krause, sie erinnern,
Der mit seinem Vorhofflimmern.
Grade, nach dem vierten Glase,
Hab ich wieder das Gerase …"
„Hatt' ich", gleich der Doktor spricht:
„Alkohol verboten nicht!"
„Doktor! Mir ging's absolut
Bis zum Dritten wirklich gut
Und ich dachte, will mal sehn,
Ob vielleicht auch viere gehn."
Pointer brummt: „Zum Haare raufen!
Mensch verdammt lass doch das Saufen!"
Dann spricht er, jetzt wieder locker:
„Nehmen sie den Betablocker!
Sollten drauf die Herzbeschwerden
Per sofort nicht besser werden,
Gehnse dann, nun ist es zwei,
Gleich im Krankenhaus vorbei."
Pointer liegt jetzt lange wach,
Prüft dabei noch zwanzigfach,
Ob Tabletten und dergleichen
Solcherweise hier wohl reichen?

Endlich schläft er wieder ein.
„Da, das Telefon! Oh, nein!"
„Pointer!" Hört er ganz verschwommen,
„Die Tabletten mir bekommen
Und da dacht ich ganz beflissen,
Dass sie dieses wissen müssen."
Pointer blickt zur Uhr beglückt,
Knurrt dann: „Drei, ich bin entzückt!
Lieber Kraus', ich sag dir was,
Trinke drauf dein fünftes Glas!"
Pointers Laune in der Früh
Ohne Zweifel ist perdu
Und drum geht ihm das Gemecker
Heut besonders auf den Wecker.
Kaum nimmt er im Sessel Platz,
Gibt's im Warteraum Rabatz,
Denn Frau Lierow meint entschieden,
Dass sie hätte Hämorrhoiden
Und, da dies ein Notfall wär:
„Ergo muss der Doktor her!"
„Augenblick, ich glaub' um zehn
Kann der Doktor sie besehn."
„Kruzitürken gute Frau,
Ich kratz mich schon grün und blau
Und der Doktor, bitte schön,
Jetzt muss diesen Zustand sehn!"
Schwups hält sie im Zimmer drin
Pointer ihren Hintern hin.
Der hat keine andre Wahl,
So beginnt sein Tag rektal.
„Was sie stört und was da juckt
Ist, wenn man's genau beguckt,
Nichts als nur ein Hautekzem,
Hierfür gibt es eine Crem'.

Sicher aber wär's von Nutzen,
Mal den Wertesten zu putzen."
Gleich darauf meint Julius Bär,
Dass auch er ein Notfall wär,
Denn er habe ganz akut
Auf dem Stuhlgang etwas Blut.
Pointer fühlt mit seinem Finger
Am Popo zwei dicke Dinger,
Doch Müsjö, es ist zum Lachen,
Scheint der Finger Spaß zu machen
Und, weil's Pointer selbst gefällt,
Kriegt er diesmal auch kein Geld,
Denn bereits seit Monatsmitten
Sein Budget ist überschritten.
„Lieber Bär, das sind entschieden
Lediglich die Hämorrhoiden,
Ums jedoch genau zu wissen,
Wir sie sicher spiegeln müssen."
„Pointer! Das geht jetzt zu weit,
Denn ich habe wenig Zeit,
Alldieweil ich gleich um zehn
Muss mit Whisky Gassi gehn."
Kurz nach sieben endlich dann
Ist die erste Spieglung dran.
Doch die Dame meint empört,
Keiner habe ihr erklärt,
Dass man müsse durch den Mund,
Um zu blicken in den Schlund.
Drum hält sie jetzt unverwandt
Vor die Zähne ihre Hand.
„Heut versteh ich keine Witze!",
Knurrt Doc Pointer, „mit 'ner Spritze
Kommen sie sofort zur Ruh."
Trotzdem hält den Mund sie zu.

„Weg!", spricht jetzt der Doktor scharf,
„Mit der Hand, ich bitten darf!"
Drauf die Dame schreit entrüstet:
„Hierzu bin ich nicht verpflichtet!
Ich, das kann ich ihnen sagen,
Werde sie dafür verklagen,
Denn mein Freund ist bei Gerichte,
Dem erzähl ich die Geschichte!"
Pointer denkt sich: Das Problem
Ist hier ein IQ von zehn
Und er lässt gleich von allein
Jede Diagnostik sein.

Gleich danach klagt Butgereit
Doktor Pointer auch sein Leid:
„Meine Frau fühlt sozusagen
Immer an bestimmten Tagen
Sich vom Rad'ologen Feucht
Strahlenmäßig stark verseucht
Und seitdem behauptet sie:
Jeder Arzt mit Perfidie
Würd' durch Feuchten sie bestrahlen,
Um ihr Böses heimzuzahlen.
Jetzo dacht ich folgedessen,
Dass die Strahlen sind zu messen.
Drum will ich von ihnen nur
Eine Kassenrezeptur,
Dass ich, ohne viel Gezeter,
Krieg ein Strahlendosimeter."
Pointer guckt, ob man ihn foppt,
Denkt sich dann, bin ich bekloppt,
Und spricht laut: „Mein lieber Herr!
Mit dem Messen wird das schwer,
Denn dieweil seit Tschernobyl
Strahlt's im Ganzen viel zu viel.

Ihre Frau, wenn's ständig tickt,
Wird dann wirklich noch verrückt."
Pointer ist noch ganz verstört,
Über das, was er gehört,
Da macht sich Emilie Puhle
Breit auf einem Praxisstuhle.
Pointer staunt: Vermaledeit!
Warum trägt sie heut schwarzes Kleid?
Schon beginnt sie jetzt zu sprechen:
„Gestern kam mein Mann vom Zechen.
Mittenmang noch in der Nacht
Bin ich plötzlich aufgewacht,
Weil der Esel, wie noch nie,
Neben mir ganz furchtbar schrie.
Doch zuletzt nach einer Stund'
Hielt er plötzlich seinen Mund
Und heut Morgen – Gott, oh Gott! –
War er kalt und mausetot."
Doktor Pointer ganz entsetzt,
Fragt sich nun, was tu ich jetzt?
Weil des Nachts, so muss er hören,
Sie deshalb ihn wollt' nicht stören.
Mensch denkt Pointer: Was ist heute
Denn nur los mit all die Leute?
Etwas später, so um acht,
Schneit herein der Amtmann Kracht.
„Lieber Doc! Sie wissen ja,
Ich bin vierundfünfzig Jahr,
Und auch ohne irgendwas
Macht die Arbeit kaum noch Spaß.
Ich hab denkt mir, es wär schön,
Wenn ich will in Rente gehn,
Dass sie, ums voranzutreiben,
Müssen mich auch krank mal schreiben.

Erst 'ne Woche – nach 'ner Pause –
Vierzehn Tage dann zu Hause
Und allmählich nach und nach
Würde dann mein Ungemach
Häufig länger und – parbleu! –
Schwerer bis zur Rente eh!"
Pointer spricht: „Mein lieber Kracht,
Das hab ich noch nie gemacht
Und solch Denkweis' geht an sich
Mir gehörig gegen Strich,
Denn als Arzt bin ich zuweilen
Auch verpflichtet mal zu heilen."

Hierauf hat die Witwe Kuhl
Ein Problem mit ihrem Stuhl.
Justament, da stellt sie ihm
Gleich ein Glas mit Stuhlgang hin.
Pointer wehrt sich: „Ist schon recht!"
Denn beim Anblick wird's ihm schlecht.
Da beginnt sie zu erklären:
„Dies dort ist von Stachelbeeren,
Doch sie könnt' an jenes Dingen
Sich partout nicht mehr entsinnen.
Seltsam sei, drum der Besuch,
Komisch ferner der Geruch."
Rucki, zuck hält sie das Glas
Offen unter seine Nas'.
Pointer ruft: „Igitt! Igitte!
Schnell hinaus! Der Nächste, bitte!"
„Nur herein Edwinchen Klose!
Wie ist heut die Diagnose?
Und dazu, was raten sie,
Machen wir als Therapie?" –
„Dieser Krampf beim steten Bücken
Nimmermehr ist das der Rücken!

Außerdem und sozusagen,
Hab ich einen kranken Magen.
Ihr Befund das sei die Galle,
Ist verkehrt in meinem Falle.
Wenn das wären Gallensteine,
Hätt' ich Schmerzen, wie ich meine,
Eher doch im linken Bauch
Und zur Schulter zög es auch.
Ferner habe ich gelesen,
Es ist wohl im *Stern* gewesen,
Solch ein Ding von Gallenstein
Soll heut leicht zu lösen sein.
Nun mein Zittern und mein Frieren,
Das vergeblich sie kurieren,
Ich hab immer es gesagt,
So was die Durchblutung macht.
Seit ich gegen ihren Willen
Nehme meine Knoblauchpillen,
Stört zwar alle der Gestank,
Doch geht's besser, Gott sei Dank.
Doktor, eh ich's noch vergesse,
Letzten Sonntag in der Messe
Hatt' ich Schwindel wie noch nie,
Das, jawohl, war Dystonie."
Fast den Doktor hat's erschlagen,
Langsam öffnet er den Kragen:
Ruhig Blut, bleib auf dem Hocker!
Die hat sowieso was locker!
Fest steht deine Diagnose:
Schwere Zerebralsklerose.
„Gott zum Gruß!" Herrjemine!
Manchmal tut halt Dummheit weh.

Kaum lehnt er sich sanft zurück,
Schleicht herein Augustus Krick.

„Gestern früh so gegen acht
Hat es plötzlich knack gemacht.
Abends dann, ich weiß nicht wie,
Schmerzte mir das rechte Knie.
Meine Alte sagte schlicht:
‚Oller Suffkopp! Das ist Gicht!‘
Nun, Herr Doktor, von dem Bier
Kommt doch nicht die Schwellung hier?“
Pointer hebt die Augenbrauen:
„Lieber Krick, ganz im Vertrauen,
Mit dem Knie das steht nicht gut,
Denn mir scheint ein Band kaputt.
Dass ich aber sicher sei,
Mach mal schnell das andre frei.“
„Mann, oh Mann! Was soll das hier?
Dies für mich ist kein Pläsier.
Bin so frei! Mir ist das lieber,
Sauber komm ich später wieder.“
Vieles sich von selbst erledigt,
Weiter drum zur nächsten Predigt.
„Meine Gute, ihr Gewicht
Hält ja fast ein Träger nicht.
Wenig essen, viel bewegen
Und dann der Gesundheit wegen
Täglich auf die Waage steigen,
Bald schon wird Erfolg sich zeigen.“
„Ach, Herr Doktor, an Diät
Halt’ ich mich von früh bis spät,
Laufe bis zum Bismarckplatz,
Esse kaum mehr als ein Spatz,
Steig ich auf die Waage dann,
Wieder ist ein Kilo dran.
Ich bin sicher, was wir wiegen,
Muss an meinen Drüsen liegen.“

„Drüsen hin und Drüsen her,
Diesohalb wird man nicht mehr.
Oder ham sie je gehört,
Dass, wer sich mit Luft ernährt,
Wird davon auch, Donnerwetter,
Kugelrund und immer fetter?
Drum wenn wir's noch mal versuchen,
Lassen wir zunächst den Kuchen
Und beim Kochen garantiert
Wird in Zukunft nichts probiert.
Dann die Soßen weg vom Teller,
So nur sinkt der Zeiger schneller."
„Lieber Doktor, das geht nicht,
Denn mein Mann schmeißt das Gericht,
Wenn ich vorher nicht probier',
Mit dem Teller durch die Tür
Und so'n kleiner Extraschmaus
Macht doch sowieso nichts aus."
Hier verliert der Doc vergebens
Wieder einen Kampf des Lebens.
Jeder Dicke ihn erschüttert,
Diesohalb denkt er verbittert:
Mensch, warum kann's nicht gelingen,
Dicke endlich abzubringen
Von dem Glauben, dass die Fetten
Strotzende Gesundheit hätten?
Wie ist's möglich, dass wer dick,
Findet seinen Bauch noch schick
Und dieweil er sozusagen
Haut sich proppenvoll den Magen
Gar nicht merkt, dass, wenn er frisst,
Dieses seine Krankheit ist?

Nächstens humpelt jetzt herein
Mit Clamore Schievelbein.

„Doc! Bisher ich ohne Kasse
Meine Füße pflegen lasse,
Doch die Kosten sind mir heuer
Nur fürs Schneiden viel zu teuer.
Drum hab ich mir so gedacht,
Wenn's ab jetzt der Pointer macht,
Geht das besser und famoser,
Wie natürlich kostenloser."
Öfters – heute jedenfalls –
Steht's dem Doktor bis zum Hals
Und, um sich nun selbst zu schützen,
Lässt er Schievelbeinen sitzen.
Manchmal, es ist fast zum Schmunzeln
Oder auch zum Stirne runzeln,
Zweifelt man gar oft genant
Allgemein an dem Verstand.
Schwamm darüber, ganz egal
Weiter jetzt zum nächsten Fall.
Pointer hatt' vor ein paar Tagen
Kalle Fürsten aufgetragen,
Dass man seines Hochdrucks wegen
Müsse dies und das erwägen,
Und es wären zweifelsohne
Auch zu prüfen die Hormone.
Hierzu müsst er ohnehin
Ganztags sammeln den Urin,
Um davon vor allen Dingen
Ihm ein bisschen mitzubringen.
Grade kommt er: Ach, Herr Gott!
Mit dem proppenvollen Pott
Und stellt diesen mittenmang
Einfach hin auf den Empfang.
Pointer denkt, als er das sieht,
Dass ihm das zu Recht geschieht

Und es ihn besonders stört,
Weil er selbst ihm hat's erklärt.
Wieder im Behandlungsraum
Schlägt er einen „Purzelbaum",
Denn dort sitzt zum zigsten Mal
Gertrud Fischer mit Gemahl.
„Ach Herr Doktor! Mir tut's weh,
Wenn ich hoch zum Kirchturm seh
Und dazu kommt einwandfrei
Gleich darauf die Schwindelei."
Pointer nun mit Akribie
Fragt nach wann und wo und wie
Und, selbstredend für Doktoren,
Prüft er Nacken, Augen, Ohren.
Dann sagt er: „Ihr Hauptsymptom
Kommt vom HWS-Syndrom,
Diesohalb und ohne Frage
Wird es besser durch Massage.
Ferner tut es sich nicht schicken,
Ständig allzu hoch zu blicken,
Wenn's mal sein muss immerhin,
Gucken sie auf Sankt Kathrin,
Alldieweil der Kirchturm doch
Dort im Ganzen nicht so hoch."
Jetzt ruft grade zwischendrinnen
Eine seiner Helferinnen:
„Pointer, hier am Telefon
Ist ein Arzt von der Station,
Der möcht, frei weg von der Leber,
Sprechen über Riesenweber."
„Pointer hier und wer ist da?
Ach, Kollege Müller, ja!"
„Ihr Patient kam vor zwölf Tagen
Notfallmäßig mit dem Wagen

Und er konnte unbesehen
Weder sitzen, laufen, stehen.
Jetzt soeben gegen Rat
Er das Haus verlassen hat.
Peinlich ist uns diese Chose,
Denn uns fehlt die Diagnose."
Pointer erstmals lacht heut Morgen.
„Bitte, sein sie ohne Sorgen,
Dieser Mensch als Querulant
Mir seit Langem ist bekannt.
Aber als nun vor zwei Wochen
Seine Frau hat oft erbrochen,
Schickt ich sie ohn' Wenn und Ach
Gleich ins Haus fürs Magenfach
Und dieweil er, gar nicht schlecht,
Ganz allein kam nicht zurecht,
Ging er aus Verbundenheit
Stationär für diese Zeit.
Heut nun, da die Frau nach Haus,
Wollt' er ebenfalls heraus
Und nach klinischem Befund
War bisher er kerngesund."

Kurz danach, so ist das immer,
Eilt der Doc aus seinem Zimmer,
Um Rezepte – ruhig bleiben –
Vis-à-vis zu unterschreiben,
Denn nur so sind die Gebühren
Kassentechnisch zu fixieren.
Außerdem, bevor sich jetzt
Noch ein Dicker hingesetzt,
Wird, dieweil bei dem Gewicht
Mancher Stuhl gewöhnlich bricht,
Dicken immer gleich vor Ort
Jeder Wunsch erfüllt sofort.

Ähnlich nervt auch ungemein
Penetrantes Kinderschrein,
Drum, wer selten warten kann,
Fresse sich 'ne Wampe an
Oder nimmt die Enkel stets
In die Praxis mit, so geht's.

Mittags zwischen Tür und Angel
Gibt es wieder mal Gerangel,
Weil bereits nach Praxisschluss
Jemand Pointer sprechen muss.
„Nun mein Frollein, dann mal tau!
Ich krieg zwar mit meiner Frau
Zoff, wenn ich jetzt folgedessen
Nicht erschein zum Mittagessen."
„Doktor, wissen sie mein Job
Ist seit Jahren bei COOP.
Nun war ich zum ersten Mal
Krankgeschrieben ganz formal,
Und da hat man mich doch jetzt
In den Kühlraum strafversetzt."
Pointer hält nun diesen Fall
Für besonders asozial,
Denn sie hat nach dem on dit
Eine Kälteallergie.
Zweitens ist der Chef von ihr
Die Gewerkschaftsseite hier
Und so ist das außerdem
Arbeitsmäßig ein Problem,
Weil man ja, ist das zu fassen,
Kann formal sie nicht entlassen,
Macht man jetzo mit Methode
Sie erst mürbe, dann marode.
Pointer weiß, bei solchen Chefs
Schreibt er gerne AUF's.

Eben, trotz der Mittagszeit,
Klingelt's an der Tür erneut.
Pointer knurrt: „Jetzt ist's genug,
Ich muss noch zum Hausbesuch."
Drum, weil er auch heimwärts will,
Hält er sich mucksmäuschenstill.
Als nun Pointer nach 'ner Weile
Selber, da er ja in Eile,
Macht die Praxistüre auf,
Nimmt das Schicksal seinen Lauf.
„Doktor!", in sein Ohr es dröhnt,
„Ich find's reichlich unverschämt!
Wie sie wissen, schon vorm Jahr
Hat mir doch die AOK
Meine Kur, das war nicht nett,
Abgelehnt, weil ich zu fett.
Nun, nachdem ich fast vollkommen
Zwanzig Kilo abgenommen,
Krieg ich heute den Bescheid,
Dass ja in der Zwischenzeit
Mein Gewicht wär apropos
Nach Tabelle comme il faut,
Diesohalb könnt jetzt vor allem
Insoweit die Kur entfallen.
Da ein Widerspruch und Klage
Brauchen lange ohne Frage,
Nehm ich jetzt den Krankenschein
Und kuriere mich allein."
Pointer kann es gar nicht glauben,
Was sich mancher tut erlauben,
Drum macht er, als er das hört,
Auf der Stelle wütend kehrt.

Trotz des Ärgers, voller Frust
Fährt er nach dem Zeitverlust,

Wie versprochen unterdessen,
Hausbesuche vor dem Essen.
Doch dieweil, ja sapperlot,
Überall ist Parkverbot,
Stellt er jetzo sein Gefährt
Dorthin, wo es keinen stört.
Pointer plagt noch sein Gewissen,
Da … die Tür wird aufgerissen
Und es steht vor ihm – herrje –
Witwe Kloos im Negligé.
„Pointer ich hab keine Ruh,
Denn mein Herz macht ab und zu,
Manchmal im Dreivierteltakt …"
Potz und Blitz! Schon ist sie nackt
Und zeigt freudig voller Lust
Ihm die prall gefüllte Brust.
Pointer, schweißgebadet jetzt,
Hat sein Hörrohr angesetzt
Und, weil ihn die Nacktheit stört,
Er natürlich gar nichts hört.
Hilflos dann, es ist verzwickt,
Er mit seinem Kopfe nickt.
„Pointer?", ängstlich fragt die Kloos,
„Was ist mit dem Herzen los?"
Pointer, immer noch verdattert,
Fühlt nur, wie sein Pulsschlag rattert,
Und spricht schließlich: „Vis-à-vis!
Vieles oft ist Lotterie,
Komm'se besser gleich um drei
In der Praxis selbst vorbei."
Pointer hat sich kaum ad hoc
Noch erholt von diesem Schock,
Da bemerkt er doch beileibe
Knöllchen an der Windschutzscheibe.

„Fünfzehn Euro! Welcher Hohn?
Denn für meine Exkursion
Krieg ich unterm graden Strich
So viel Geld im Leben nich'."

Pointer will zu Hause nun
Mittags von der Arbeit ruhn,
Doch schon wieder geht die triste,
Gottverdammte Rappelkiste.
„Pointer? Hier ist Firma Strauß!
Da sie ja bereits zu Haus,
Hat mein Chef – it is all right –
Erst um sieben wieder Zeit
Und er wünscht dann, bitte pünktlich,
Einen Hausbesuch sehr dringlich."
„Bitte", Pointer fragt beklommen,
„Kann er in die Praxis kommen?"
„Das nun Pointer – pap'lapapp –
Lehnt mein Chef entschieden ab."
Pointer flucht: „Bei dem Theater
Holt er besser den Psych'ater!"

Kurz vor drei – gemach, gemach –
Gibt es vor der Praxis Krach,
Weil hier wieder querfeldein
Jeder will zuerst hinein.
Doktor Pointer sitzt noch kaum,
Schon ruft er: „Herr Rennebaum!"
Dieser fühlt sich schlecht und matt,
Seit er's an den Bronchien hat.
Jetzt im Untersuchungszimmer
Wird sein Husten deutlich schlimmer.
Mensch, denkt Pointer, lass den Mist,
Ich seh selbst, wie krank du bist.

Rennebaumen trotzdem spuckt,
Bis er sich am Schleim verschluckt.
„Doc, da sie ja int'ressiert,
Was ich grad expektoriert,
Hab ich extra zum Besuch,
Dies verwahrt im Taschentuch."
Damit hält er ihm, oh nein,
Vors Gesicht den zähen Schleim.
Schnell schreibt Pointer ein Rezept,
Dass er's keinesfalls verschleppt.
Gleich darauf kommt Martin Fiene
Schlecht gelaunt mit Trauermiene.
„Mensch!", spricht Pointer, „lach doch mal,
Du bist nicht der erste Fall,
Dem der Trübsinn garantiert
Die Gesundheit ruiniert."
„Pointer, ich bin, merk dir das,
In der Praxis nicht zum Spaß.
Zweitens bin ich insoweit
Ihre Diagnosen leid.
Erst die Gicht, dann Coxarthrose
Und noch Koronarsklerose.
Jetzt frag ich mich ganz begründet,
Was man hier wohl heute findet?"
„Fiene", spricht der Doc, „Geduld!
Ich bin nicht an allem schuld,
Denn für Krankheit bist an sich
Du zum Teil verantwortlich.
Außerdem weiß jedes Kind,
Dass wir stets gesünder sind,
Wenn wir, höre das und staune,
Haben öfters gute Laune."
Hierbei denkt er: Es wär toll,
Wenn die Leut' für ihren Groll

Hätten eine Nörgeltruppe,
Ähnlich einer Selbsthilf'gruppe.

Pointer trotzdem lächelt bitter:
„Bitte schön, wer kommt als Dritter?"
Deifuhs nimmt gemächlich Platz.
„Pointer, sie − mit einem Satz −
Haben sich bei mir geirrt."
Doktor Pointer ist verwirrt.
„Denn fürs Prostata-Ca
Gaben sie mir einst fünf Jahr.
Siehste wohl, da guckste dumm,
Denn das fünfte Jahr ist rum."
„Lieber Deifuhs, das jawoll,
Ist ja eigentlich schon toll.
Trotzdem bin ich weder Gott,
Noch bestimme ich den Tod
Und ich sagte damals frei:
Fünf Jahr sind beschwerdefrei.
Was danach käm an Beschwer',
Wüsste ganz allein der Herr."
Fünf Uhr schlägt es monoton,
Wieder geht das Telefon.
„Pointer! Hier das Boni'-Heim!
Ein Patient erstickt am Schleim!"
Pointer springt vom Stuhle auf,
Nimmt den Koffer schon im Lauf
Und ist eilig dann sofort
Kurz darauf am Einsatzort.
Hier sieht er, es ist ein Jammer,
Acht Patienten in der Kammer,
Die als menschliche Ruinen
Hilflos hängen an Maschinen.
Alle werden, er erfährt,
Jahrelang per Schlauch ernährt,

29

Das obwohl sie, ich kann's schwören,
Weder sehen, sprechen, hören.
Pointer denkt: Es wäre nett,
Wenn man solcherweis' nichts tät
Und man ließ den Sensenmann
Würdig an den Menschen ran.
Doch da Pflege pekuniär
Augenblicklich populär,
Saugt er, welche Heuchelei,
Schnell noch die Trachea frei,
Denn sonst kriegt er, ohne Frage,
Noch 'ne Unterlassungsklage.

Kaum zurück, beschwert sich Huss,
Der mit Kloß hystericus.
„Doc! Ich sag es rundheraus,
Ich möcht' gleich ins Krankenhaus,
Weil, es stand im **Grünen Blatt**,
Endlich man ein Mittel hat
Gegen dieses Kloßgefühl."
Pointer wird es nun zu viel:
„Lieber Huss, von hier bis Minden
Wird man keine Praxis finden,
Wo du nicht für sehr viel Geld
Wurdest auf den Kopf gestellt.
Ich deshalb ruf, Mann, o Mann,
Diesobald die Knappschaft an."
Doch er gleich von dorten hört:
„Lieber Doc! Auch wenn's sie stört,
Schicken sie ihn immerzu,
Wenn er will bis nach Peru,
Denn sie können, woll'n wir wetten,
Dies System allein nicht retten."
Mittenmang im Wartezimmer
Plötzlich schimpft ein Frauenzimmer:

„Pointer! Ich als guter Kunde
Warte hier seit einer Stunde
Und ich kann mir, wie die meisten,
Warten absolut nicht leisten.
Ich darum lass den Check-up,
Sicher doch ein Großauftrag,
Doktor, das ist nicht zum Lachen!
Dieses Jahr woanders machen.“
„Liebe Frau, sie sollten wissen,
Alle tun hier, was sie müssen.
Nur zur Klarheit allemal:
Kriegen wir für ein Quartal
Dreißig Euro immerhin
Und da ist dann alles drin.
Da nun aber das Budget
Uns begrenzt aufs Nötigste,
Tun wir vieles ohne Klagen
Lediglich fürs Danke sagen!“

Kurz darauf beklagt sich gleich
Piesepampel Heidenreich.
„Doktor! Gestern die Tablette,
Wissense, die für die Fette,
Hab ich schlecht vertragen auch
Wie im Rücken, so im Bauch.
Als ich dann den Beipack las,
Sprach ich zu mir: Weißte was,
Lieber stirbste bald am Fett,
Als ich mich vergiften tät.
Diesohalb möcht ich jetzt hier
Wiederkriegen die Gebühr,
Denn ich habe, nicht geprahlt,
Fünfzehn Euro selbst bezahlt.“
Pointer starrt die Schachtel an,
Weil er's nicht verstehen kann,

31

Und bemerkt dabei gequält,
Dass nicht ein Tablettchen fehlt.
Als Doc Pointer noch sinniert,
Kommt Frau Blum hereinspaziert.
„Doktor Pointer! Tausend Dank,
Dass ich heute nicht mehr krank!
Nur die Zäpfchen war'n, au Backe!
Furchtbar seifig im Geschmacke."
Achtzehn Uhr wird kurz entschlossen
Heut die Praxis abgeschlossen
Und der Doktor lässt sich eben
Schon die letzte Karte geben.
Ganz empört beginnt Frau Schlichten
Gleich darauf ihm zu berichten:
„Vor drei Wochen ungefähr
Kam die Oma stationär
Wegen Schmerzen in die Beine,
Doc! Sie wissen was ich meine,
Und man hat dort ungeniert
Eins der Beine adoptiert."
„Bitte", sprach der Doktor bieder,
„Amputieren tut man Glieder …!"
„Pointer!", tönt die Schlichten spitz,
„Hier versteh ich keinen Witz,
Denn die Oma hat soeben
Ihre Löffel abgegeben."
Pointer denkt, verdammter Mist,
Immer, wenn du vorlaut bist,
Kommt es häufig en tous cas
Zu solch peinlichem Fauxpas.
„Doktor, was ist jetzt? Nanu!
Hören sie denn gar nicht zu!
Denn wir wollen die Geschichte
Endlich klären vor Gerichte.

Erst hieß es, gar kein Problem,
Gefäßverschluss mit Beinödem.
Dann auf einmal ganz diffus,
Leider auch Dekubitus.
Etwas später sprach man schon
Von verschleppter Infektion.
Als jedoch es nach zwei Wochen
Immer stärker hat gerochen,
Sagt man einfach und sans gêne:
‚Fortgeschrittene Gangrän.‘
Diesohalb bin ich jetzt hier,
Weil für einen Rechtsstreit wir
Brauchen jetzt ja noch Testate,
Dass sie vorher gar nichts hatte."
Als der Doc nun, ganz gestresst,
Schlichten aus der Praxis lässt,
Zwängt sich Brillen-Bütefür
Seitlich durch die Praxistür.
„Doktor! Jetzt nach Praxisschluss
Ich sie dringend sprechen muss,
Denn sie haben insoweit
Ohne Warten jetzt viel Zeit."
Pointer hört nun ganz entzückt,
Wo den Mann sein Schühchen drückt
Und um halber sieben dann
Geht er mit dem „kranken" Mann
Gleichsam ohne große Eile
Bis zu dessen Ladenzeile.
Als nun dieser schließen will,
Grinst der Doc: „April! April!
Bütefür, ich im Moment
Bin ein Brillenkonsument
Und ich werde, sie verstehen,
Hier mir alles mal besehen,

Dann brauch ich gleich ihren Rat,
Welche Brille akkurat."
Bütefür sich ganz geknickt,
Schließlich in sein Schicksal schickt.
Aber er kommt niemals mehr
Kurz nach sechse zum Docteur.
Als nun Pointer kurz vor acht
Just noch seinen Rundgang macht,
Um sich, was ja oft vonnöten,
Seine Beine zu vertreten,
Hört er, wie grad hiero itzt
Einer seinen Bleistift spitzt,
Um im Dunkeln unterdessen
Praxisschilder auszumessen.
Pointer geht sofort hellwach
Unbedingt der Sache nach
Und er sieht im Mondeslicht
Ein bekanntes Angesicht.
Lächelnd sagt er: „Sieh mal guck!
'Nabend Herr Kollege Stuck!
Schade um die schöne Nacht,
Wenn man Überstunden macht."
Pointer denkt sich, Scherz beiseit,
Denn es ist Kollegenneid
Unter Ärzten als Motiv
Leider oft und produktiv.
Diesohalb er ganz frustriert
Schnurstracks nun nach Haus marschiert.

Als der Doc gegessen hat,
Liest er den Bescheid der Stadt
Und gleich flucht er: „Ungeheuer!
Jetzt noch eine Regensteuer.
Nicht genug, dass wir ertragen
Nässe stets mit Unbehagen.

Nein dafür man, welcher Stuss,
Auch noch Geld bezahlen muss."
Pointer denkt sich: Nicht zu fassen,
Haben die noch alle Tassen!
Drum beschließt er sich und nun,
Endlich Ruhe anzutun.
Kaum hat er sich hingelegt,
Bimmelt's wieder unentwegt.
Pointer beißt sich auf die Lippe
Und hat Schmitzen an der Strippe.
„Pointer, ich fühl, wei o weier,
Grad im Hodensack drei Eier,
Da ich weiß, es gibt nur zwei,
Schaun sie bitte gleich vorbei."
Pointer murmelt: „Dubios?"
Nimmt die Tasche und fährt los.
Da nun aber Häusernummern
Fehlen oder abseits schlummern,
Dauert es bei Dunkelheit
Häufig eine Ewigkeit,
Bis der Doktor indirekt
Den genannten Ort entdeckt.
„Lieber Schmitz mach dich mal frei,
Dass ich seh dein Kuckucksei."
Kurz danach: „Es ist schon recht,
Denn bei dir hat am Gemächt,
Nach dem klinischen Aspekt,
Sich ein Hodenbruch versteckt.
Schmitzen mach nicht so'n Gesicht,
Notfallmäßig ist das nicht."
„Doktor, da sie grade Zeit,
Bitt ich einmal insoweit,
Dass sie mir mal etwas geben,
Um die Libido zu heben,

Denn bereits beim dritten Male
Bin ich fix und foxi alle."
„Lieber Schmitz, das ist mein Rat,
Kostenlos und ganz privat:
Beim Verkehr die Qualität
Immer noch am meisten zählt
Habt dabei ihr großen Spaß,
Schmitzen, Mensch, dann reicht doch das!"
Drauf Doc Pointer lächelt stumm,
Denkt dieweil, er dreht sich um:
Hoffentlich in dieser Nacht
Keiner mehr noch Scherze macht.
Bald danach und – notabene –
Liegt der Doc im Bett alleene
Und schnarcht durch bis morgen früh:
Einwärts, auswärts pitsch pit pü.

Das geknöpfte Kleid

Doktor Pointer voller Freude
Reibt sich seine Hände beide,
Gleich ist dieser Tag vorbei
Und auch er hat endlich frei.
Keine Pause: „Darf ich bitten!"
Minke kommt mit Trippelschritten.
Während er im Kaffee rührt,
Fragt er, was sie zu ihm führt?
„Ach, Herr Doktor, nach dem Essen
Sollten sie den Bauch mal messen,
Außerdem des Abends spät
Ist er immer stark gebläht." –
„Bitte schön, dann woll'n wir mal
Sie befreien von der Qual.

Machen sie nur eins, zwei, drei
Hier ihr Prachtstück einmal frei."
Nun, so ist das häufig leider,
Trägt Madam geknöpfte Kleider,
Diesohalb ist sie erschöpft,
Alldieweil sie knöpft und knöpft.
Doktor Pointer denkt nervös,
Dauert das, Herrgott noch dös!
Kaum hat sie das erste Drittel,
Schwitzt der Doktor schon im Kittel.
Schließlich nach 'ner guten Weile,
Bittet er um etwas Eile.
Selbst dann – mit erglühtem Kopf –
Öffnet er den letzten Knopf,
Spricht dabei schon ganz gequält,
Weil er die Minuten zählt:
„Wolln mal sehn, das hamwe gleich".
Da, die Knie ihm werden weich,
„Was verdammt ist das nun wieder?"
Denn darunter steckt ein Mieder.
Endlich nach der letzten Hülle
Seitwärts fällt die Körperfülle.
Leber, Milz sowie der Nabel
Scheinen Pointer ganz passabel.
Recht normaliter ist auch
Drum herum der Rest vom Bauch.
Fertig mit der Prozedur,
Schaut der Doktor auf die Uhr
Und ist sichtlich irritiert,
Dass er so viel Zeit verliert.
Jetzt das Ganze noch zurück,
Knopf für Knopf und Stück für Stück.
Pointer, diesoweil er wartet,
Fast in seinem Hirn entartet.

Schnell verschreibt er dann im Stehen
Etwas gegen stetes Blähen.
Grad, als dann die Türe zu,
Seufzt er: „Endlich hast du Ruh!"
Plötzlich schaut sie wieder rein,
Pointer denkt, das kann nicht sein,
Alldieweil sie statt Tablette
Lieber eine Liquid hätte.
Pointer sagt sich ruhig Blut,
Als er es verschreiben tut
Und im Stillen er genießt,
Wie die Tür sich wieder schließt.
„Doktor!" Hört er da verschwommen:
„Eigentlich bin ich gekommen,
Sie zu fragen, bitte schön …?"
Jetzt sie sollten Pointer sehn,
Denn, wie er sich grad gebärdet,
Ist er sehr Infarkt gefährdet.

Zirkus Hainen

Pointer, der die letzte Nacht
Wie gewöhnlich Dienst gemacht,
Kommt deshalb am Morgen ganz
Abgespannt zur Ambulanz.
Trotzdem oder grad deswegen
Untersucht er Frau von Degen
Wegen „Struma Rezidiv"
Heut besonders intensiv.
Tasten, Klopfen und Labor,
Horchen, ob das Herz d'accord,
Röntgen und ein Szintigramm
Komplettieren das Programm.

Schließlich, als er beim Kaffee
Zu ihr spricht: „Sie sind okay!
Und das Fazit ihres Falles …“,
Ruft empört sie: „War das Alles?
Sie mit all dem Firlefanz
Der internen Ambulanz
Nehmen noch, wie obsolet,
Heutzutag ein Hörgerät.
Unten in der Chirurgie
Braucht man das zum Hören nie!“
Gleich darauf, ohn' Wiedersehn,
Lässt sie Doktor Pointer stehn.
Dieser will nun – nicht zum Lachen –
Wissen, was die anders machen,
Und marschiert gleich, comme il faut,
In das Schnibbelstudio.
Vor der Türe, kaum zu fassen,
Lauter Leute – Menschenmassen –
Und dann drinnen: „Heil'ger Sack!“
Immer schön im Dreierpack
Schreitet man, welch Raffinesse,
Zum Check-up im vollen Dresse.
Vorne lässt „Geheimrat“ Hainen
Die Zigarre in der einen
Und die Finger seiner andern
Über Hals und Kehlkopf wandern.
Dann, die Stimme klingt sonor,
Während er sein rechtes Ohr
Nähert dem Patientenkleid:
„Angestrengte Herzarbeit!“
Plötzlich voller Ungeduld:
„Jetzt tetanischer Insult!“
Drauf hält er, fast wie ein Wilder,
Vor die Lampe Röntgenbilder

Und bis draußen tönt sein Bass:
„Herrgott sakra! Was ist das?
Die Trachea ist verschoben
Maximal nach ventral oben."
Dann diktiert er simultan:
„Lieber Doktor Imre Phan!
Ihnen schreib ich's nochmals heute,
Denn stets von interner Seite
Werden, was ist allerhand,
Solche Kasus nicht erkannt.
Grad, das ist der dritte Fall,
Kam ein Mann aus Portugal
Noch beschwerdefrei zu mir.
Kurz danach, was sag ich hier,
Gleich als er ins Zimmer tritt,
Zuckt sein linkes Augenlid
Und so quasi vis-à-vis
Kriegt er eine Tetanie.
Bei Frau Degen dergestalt
Liegt der Fall ganz ähnlich halt.
Trotzdem rat ich bestenfalls,
Kalte Wickeln um den Hals
Und fürs Ganze, ohne Frage,
Dreimal Kalzium am Tage."
Pointer geht jetzt ganz empört,
Denn er hat genug gehört.

Überall, wo Menschen schaffen,
Denkt er, machen leider Affen,
Mit extremem Pipapo,
Meistens coram publico,
Durch Reklame und Radau
Den Beruf als Arzt zur Schau.
Doch mit Medizin – je nun –
Hat das leider nichts zu tun.

40

Die Fehldiagnose

In der Früh im warmen Bett
Zwickt's im Bauch von Mini Klett.
„Ist es denn, verflixt noch mal,
Möglich, dass der fette Aal …?
Au! Verdammt der Schmerz wird schlimmer!"
Mini eilt ins Badezimmer
Und sie weckt dadurch den Mann,
Der ruft gleich den Doktor an.
Dieser, wenn er auch erst greint,
Hier doch alsobald erscheint.
Als er mustert ihre Fülle,
Blinzelt er durch seine Brille
Und beginnt sogleich zu fragen,
Wie das ist mit ihren Tagen …?
„Ach der Bauch, der ist zu ville,
Weil ich nehm' die Babypille."
Pointer tastet, fühlt und klopft.
Nur der Darm scheint leicht verstopft.
Er nun rätselt und sich windet,
Weil er keine Lösung findet.
Doch dann denkt er: Teufel auch!
Unklar ist mir dieser Bauch,
Drum ich besser schicke sie
Erst mal auf die Chirurgie.
Dort die Ursach' wird gefunden,
Denn Frau Klett hat bald entbunden.
Kletten stürzt zum Telefon:
„Pointer wissense es schon?
Ihr akuter Darmverschluss
Ist jetzt unser Filius!"

Am andern Ende wird es stille:
„Wieso? Warum? Ich denk' die Pille!

Und wenn sie diese immer nimmt,
Wieso bekommt sie dann ein Kind?" –
„Herr Doktor!" Klett spricht jetzt beflissen,
„Ich kann ja auch nicht alles wissen,
Doch sicher stets nach dem Verkehr
Nahm sie die Pille hinterher."

Der Diabetespapst

Doktor Pointer weit und breit
Gilt als Zuckertherapeut,
Denn er treibt mit Akribie
Diabetestherapie.
Diese Krankheit ist so schwierig,
Weil des Menschen Kern begierig
Und besonders ja beim Essen
Zuckerkranke sich vergessen.
Jeweils abends macht er spät
Extra Kurse für Diät,
Dass dadurch man lernen kann,
Wo sind Kalorien dran.
Außerdem will jeder gern
Über Fehler andrer hör'n.
Pointer müht sich auch zu zeigen,
Wie es kommt zu Folgeleiden,
Denn nur der, der das kapiert,
Ist genügend motiviert,
Peinlich stets drauf zu verzichten,
Fressgelage anzurichten.
Durchweg zweimal wöchentlich
Pointer prüft durch einen Stich,
Ob in dem Patientenblut
Steht der Zucker eben gut.

Ist der Wert, was ja verwundert,
Dann noch über zwei und hundert,
Spricht der Doktor gleich vor Orte
Mit dem Frevler ernste Worte.
Sind danach nun allemal
Die Parameter normal,
Klopft der Doktor voller Stolz,
Dreimal auf sein Nudelholz,
Sagt dabei: „Mir scheint es leicht,
Dass ein jeder dies erreicht.
Bleibt der Zucker trotzdem hoch,
Liegt das an den Ärzten doch.“

Sonntags Pointer, tand'radei,
Geht an dem Café vorbei,
Da begrüßt ihn – „Holla! Ho!“ –
Zuckerbäcker Haferstroh:
„Lieber Doc, die Zuckertage
Langsam werden mir zur Plage,
Weil direkt nach dem Labor
Kommt das Diabeteskorps,
Um gemeinsam sich zu messen
Hier bei mir beim Tortenessen.
Statt, dass zweimal alles voll,
Fände ich es richtig toll,
Wenn sie auch den Tag vorher,
Wo die ganze Bude leer,
Würden wenigstens zuweilen
Zur Kontrolle mit einteilen.“
Doktor Pointer wird es schlecht
Und er glaubt, er hört nicht recht.
Montags schimpft er richtig böse,
Wutentbrannt und mit Getöse
Und jetzt möcht' man, niemals nein,
In der Haut der Sünder sein.

Die Kur

Piesepampel, ein Athlet,
Wie er nur im Buche steht,
Wollte erstmals ausprobieren,
Wie so Kuren funktionieren.
Pointer untersucht ihn ohne,
Doch von Krankheit keine Bohne.
Irgend so ein Zipperlein
Aber muss zu finden sein.
Pointer dann bescheinigt es,
„Scheuermann der BWS.“

Piesepampel dachte nun,
Sich im Kurort auszuruhn.
Doch bereits im Vestibül
Reizte er das Sexgefühl
Und die Mehrheit aller Frauen
Wollt nicht ihren Augen trauen.
Abends, ja so ist das immer,
Lag bereits ein Frauenzimmer
Auf dem Bett ganz ohne Kleid
Und zum Liebesspiel bereit.
Piesepampel floh hinaus
Gleich ins nächste Badehaus.
Dort, am Whirlpool, war's weit schlimmer,
Liebten sich bei Kerzenschimmer
Wilde Haufen drunter drüber,
Ganz entsetzt verschwand er wieder.
Nach drei Tagen ohne Ruhn
Fiel er dann im Moorbad um,
Diesohalb er zéro Pause
Aus dem Kurort fuhr nach Hause.
Als er Pointer tut berichten
Von der Kur und Sexgeschichten,

Lehnt der sich empört zurück,
Denkt an seiner Jugend Glück
Und daran, warum denn nur
Er im Leben nie 'ne Kur.
Leise flucht er: „Sapperment!
Waren wir doch einst verklemmt!"

Die „Rollstuhlfahrerin"

Ärzte fürchten sich vor allem
Vor den Diagnosefallen,
Pointer passt drum immer Acht,
Dass er keine Fehler macht
Und er fühlt sich richtig gut,
Wenn er sie vermeiden tut.
Manchmal aber, instinktiv,
Spürt er, heute geht was schief.
Lange sinnt und grübelt er,
Ständig doppelt hin und her,
Und er fragt sich: Herrgott Vater!
Welche Krankheit hat die Kater?
Diese muss seit fast drei Jahren
Stets in einem Rollstuhl fahren,
Weil sie scheinbar hat seitdem
Mit den Beinen ein Problem.
Pointer prüft nun dergestalten
Emsig ihr Reflexverhalten
Und er findet jedes Mal:
Alles bon und ganz normal.
Ihm deshalb wird's sichtlich heiß,
Weil er selbst nicht weiterweiß
Und so meint er (trotz Proteste),
Krankenhaus wär hier das Beste,

Alldieweil man dann erkenne,
Wieso sie nicht mehr laufen könne?
Leider dort bescheinigt man,
An den Beinen ist nichts dran.
Möglich sei jedoch indes:
Frühe Form von ALS.
Pointer kann nun nicht umhin
Zu verschreiben Medizin
Und nicht wissend was sie hat,
Gibt er schließlich irgendwat.

Wochen später, sonntags früh,
Sieht er in der Ferne sie,
Wie sie dort am Bordstein steht,
Weil ihr Stuhl nicht weitergeht.
Sie beginnt sich um zu blicken,
Steht dann auf aus freien Stücken,
Hebt den Stuhl mit eigner Kraft
(Ich hätt's, glaub ich, nicht geschafft.)
Und fährt gleich, o welches Wunder,
Ganz allein die Straße runter.
Pointer denkt: Wie ist das möglich?
Und gesteht sich, wenn auch kläglich,
Dass er hier, verdammte Qualle,
Wieder tappte inne Falle.
Als er, wie es oft geschieht,
Freitags die Kollegen sieht
Und dann diesen Fall erwähnt,
Mancher der Kollegen stöhnt,
Denn sie kennen allerweil
Solche Kasus en détail.
Einer aber, so geht's immer,
Spricht: „Bei mir der Fall lag schlimmer.
Ich schrieb ans Versorgungsamt
Einen Antrag in dem stand,

Dass Patientin Frau von Z.
Liege täglich fest im Bett,
Weil sie wegen Wirbelgleiten
Hätte große Schwierigkeiten,
Diesohalb wär sie per se
Schwerbehindert plus AG.
Kurz danach kam insoweit
Mit dem Ausweis der Bescheid.
Als jedoch ich beim Kaffee
Morgens in die Zeitung seh,
Kommt der Clou von der Geschichte,
Denn dort aus dem Sportberichte
Lacht mich an, du dickes Ei,
Übergroß ihr Konterfei,
Weil sie hat, was ist das schon,
Grad gesiegt im Triathlon."

Doktor Pointer denkt erschrocken:
Mensch, da biste vonne Socken,
Was für Klopse sich die meisten
Wessis praktisch straflos leisten.
Doch wenn Ossis das beklagen,
Rät er ihnen: „Nicht verzagen!
Lernt, was hier ist guter Brauch,
Dann könnt ihr's in Zukunft auch."

Das „Pointersche Syndrom"

Jeder Mensch ist sehr bedrückt,
Wenn ihm irgendwas missglückt
Und alsbald mit dem Problem
Schläft er nachts oft unbequem.
So auch Pointer häufig wacht,
Weil er sich Gedanken macht.
Grad er grübelt seit 'ner Woche:
Welches Übel fehlt dem Knoche?
Diesen werktags mit Clamore
Plagt ein Tinnitus im Ohre.
Dazubei fühlt er im Stehen
Stets ein Stechen in den Zehen.
Nur des Sonntags jederzeit
Ist er von dem Schmerz befreit.
Pointer sucht gezielt durch Fragen
Selbst zur Lösung beizutragen,
Doch da Knochen nicht studiert,
Er die Fragen kaum kapiert.
Also muss der Doktor eben
Knochens Status blind erheben.
Nach dem Blut und Ultraschall
Prüft er hier auf jeden Fall
Mittels Röntgen und CT,
Ob das Hirn ist ganz okay.
Pointer lässt es keine Ruh',
Fragt noch Hinz und Kunz dazu,
Wälzt das Buch der Medizin,
Weil er hofft, dort steht was drin.
Leider nein, solch Rarität
Kennt nicht mal die Uni'tät.
Ja, am Ende ist es so,
Gibt's das Leiden nirgendwo.

Pointer kann drum nicht vermeiden,
Knochen weiter krankzuschreiben.
Grübelnd denkt er: Wissenschaft
Niemals ist gewissenhaft,
Wenn sie nicht von Anfang an
Haargenau beschreiben kann,
Was und wo, warum und wie
Gab es dies bisher noch nie?
Diesohalb schickt er den Fall
An das Medizin-Journal,
Dass in Zukunft alle schon
Kennen dieses Schmerzsyndrom.
Plötzlich doch, so Mitte Mai,
Ist der Mensch beschwerdefrei.
Freudestrahlend, ohne Sorgen,
Reicht er ihm am Montagmorgen
Mittenmang zu den Papieren
Einen Zahlschein zum Signieren.
Pointer aus den Wolken fällt,
Knochen geht's ums Tagegeld.
„Mensch!", schimpft er, „bin ich bescheuert,
Dass dazu ich beigesteuert.
Nur weil ich so dämlich bin,
Legt mich dieser Spitzbub rin.
Nunmehr muss ich zu dem Schaden
Täglich noch den Spott ertragen,
Denn man nennt mich bei Bekannten:
Medikus der Simulanten.
Schlimmer für mich ist jedoch,
Dass bei Ärzten immer noch
Unerklärliche Symtome
Heißen ‚Pointersche Syndrome'."

Die wundersame Heilung

Doktor Pointer, abgespannt,
Starrt auf seine Uhr gebannt,
Weil er noch nach Praxisschluss
Dringend muss zum Hausbesuch.
Dito überprüft er eben,
Falls er muss 'ne Spritze geben,
Ob auch alles, was er braucht,
Für den Notfall richtig taugt.
Plötzlich zwängt sich durch die Tür
Wie so häufig Bütefür.
Schmerzverzerrt ist sein Gesicht,
Weil's beim Atmen heftig sticht.
Pointer tut sich rasch entscheiden,
Dies ist dringlicher von beiden
Und beginnt dann schnell zu fragen,
Wann und wo ihn Schmerzen plagen.
Nach dem Klopfen nimmt er drob
Außerdem sein Stethoskop.
„Bütefür, das ist nicht leicht,
Wenn man rechts und links vergleicht,
Hört man, falls ich mich nicht täusche,
Rechts basal Ergussgeräusche
Und, weil's wirklich schwierig ist,
Sicher man sie röntgen müsst'.
Um deshalb genau zu sein,
Weise ich sie lieber ein."
Bütefür, als er dies hört,
Kaum noch seine Schmerzen spürt,
Trotzdem geht er wider Willen
In das Kloster für Bazillen.
Dorten übergibt man nur
Samstags früh die Temp'ratur.

Montags drauf, so in der Mitte,
Ist dann endlich Chefvisite.
Mit Geräten in den Ohren
Suchen gleich danach Doktoren
Seiner Schmerzen Grund zu finden,
Um lokal sie zu ergründen.
Einer spricht: „Oh Gott, herrje,
Das bestimmt ist Tbc!"
Drauf der andre: „Niemals, nie!
Ist das eine Pneumonie!
Dort pleural ist ein Erguss,
Den man bald punktieren muss."
Mittwochmittag, ganz gezielt,
Folgt dann erst das Röntgenbild.
Donnerstags die weißen Kittel
Wissen immer noch kein Mittel.
Wieder sie am Bett sich streiten,
Was man macht zu welchen Zeiten,
Ob man nun und ob man nicht
Erst mal in die Lunge sticht.
Bütefür liegt starr vor Schrecken
Und verkriecht sich in den Decken.
Freitag früh entscheidet man:
Montag ist der Eingriff dran.
Jetzo muss er noch erfahren
Etwas vom Punktionsverfahren.
Während er das Schriftstück liest,
Wo zu unterzeichnen ist,
Dass mit dem, was kommt abhanden,
Er ist vorher einverstanden,
Lässt er, weil es ihn betrifft,
Das Papier ohn' Unterschrift.
Bütefür nach guter Nacht
Frei von Schmerz ist aufgewacht.

Wieder naht nach alter Sitte
Montags früh die Chefvisite.
Als sie kommt zu seinem Zimmer,
Liegt dort Bütefüren nimmer,
Alldieweil ihm, Gott sei Dank,
Unbemerkt die Flucht gelang,
Denn er wollt' nicht, dass zuletzt
Man die Lunge noch verletzt.
Und dadurch – vielleicht, vielleicht –
Noch das Gegenteil erreicht.
Manchmal mittels eigener Kräfte
Oder durch obskure Mächte
Geht es besser immerhin
Als durch gute Medizin.

Der Traubensaft

Vincentinus Hirsebach
Hat mit Doktor Pointer Krach,
Weil der will partout nicht glauben,
Dass der Sud aus seinen Trauben
Besser ist als die Chemie
Aus der Pharmaindustrie.
Da er Pflanzliches verehrt,
Ihn besonders oft empört,
Dass der Doktor, um zu retten,
Vorzugsweis verschreibt Tabletten.
Ihm ist einzig die Natur
Stets die Mutter jeder Kur.
Diesohalb, in leichten Fällen,
Legt er Quark auf seine Zellen.
Und bei Ischias – vor dem Essen –
Niemals Rhus tox vier vergessen!

Er deswegen, ohne Floskel,
Gilt als ein Naturapostel.
Kürzlich, da er wirklich krank,
Schlürfte er vom Traubentrank,
Trotzdem stieg und sank das Fieber
Und es kehrte stündlich wieder.
Irgendwann, das wusste er,
Musste jetzt der Doktor her.
Pointer kam und sprach gleich kecke:
„Schmeiß den Saft da in die Ecke!
Anamnese und Befund
Sprechen stark für Lungenschwund.
Ohne Spritzen mit Chemie
Retten wir dein Leben nie." –
„Heute nicht und nie im Leben
Lass ich mir je so was geben,
Wenn mir etwas Heilung schafft,
Ist das hier mein Traubensaft."
„Lieber Vincent Hirsebach,
Mach hier bitte keinen Krach,
Denn ich schick dich, Teufel auch,
Jetzt ins nächste Krankenhaus."
Doktor Pointer nimmt die Tasche,
Blickt noch mal zur Traubenflasche,
Hat sich seinen Teil gedacht
Und sich flugs davongemacht.
Hirsebach vertraute stur
Weiter seiner Säftekur.
Bald danach ist er gestorben
Und so ganz Natur geworden.

Bei leichtem Übel, kleinen Fällen
Kann man dies und das anstellen,
Jedoch im Ernstfall ist Chemie
Basis jeder Therapie.

Der Check-up

Doktor Pointer, wie sich's frommt,
Fröhlich in die Praxis kommt
Und ruft gleich, wie jedes Mal:
„Also dann der erste Fall!
Tach, mein Lieber, dann mal los,
Wo sitzt heute denn der Kloß?"
„Ach, Herr Doc, ich bin bedrückt,
Weil mich niemals etwas zwickt.
Jetzo habe ich gelesen,
Wer nicht häufig krank gewesen,
Trägt mit hohem Risiko
In sich Krebs inkognito.
Ich glaub, besser stationär,
Muss ein ganzer Check-up her."
Pointer sucht ihm allerwegen
Diesen Unsinn auszureden,
Doch er schließlich resigniert
Seine Meinung revidiert.
Später dann nach zwei, drei Wochen
Hat er mit der Frau gesprochen.
Diese ihm ganz stolz erzählt,
Wie man ihren Mann gequält:
„Röntgen Lunge, Röntgen Nieren,
Alles tut man dort 'skopieren,
Selbstverständlich EKG,
Herzkatheter und CT.
Ach, Herr Doktor, ohne Witze,
Die sind medizinisch Spitze
Und mein Mann, welch frohe Kund',
Ist von A bis Z gesund."
Pointer hält mit Mühe kaum
Seine Miene noch im Zaum,

Trotzdem fragt er: „Ja, warum
Liegt er noch im Klinikum?"
„Leider hat er heute grade
Ein Problem mit seiner Wade,
Doch man sagte offizielle,
Keine Sorge – Bagatelle."
Nach drei Tagen – was ist das? –
Kommt die Frau verheult und blass
Und erzählt ihm vis-à-vis
Von der Lungenembolie.
Pointer denkt sich: Nicht zu fassen.
Hätt'ste doch den Mist gelassen,
Sintemal ja immerhin
Dieser Fall besonders schlimm,
Weil der Mensch nach dem Befund
War bis dato kerngesund.

Der Simulant

Ärzte, meinen oft die Laien,
Würden selber sich kasteien,
Wenn sie Diabetes hätten
Oder Ärger mit den Fetten.
Leider ist das, wie man hört,
Meistens eher umgekehrt.
Drum ist es schon oft passiert,
Dass ein Fetter ungeniert
Einem Dicken dringend rät
Sozusagen zur Diät
Oder dass ein Raucher grad
Dieses strikt verboten hat,
Während er mit schmaler Lippe
Gierig saugt an einer Kippe.

Pointer weiß, beim Therapieren
Ist die Kunst das Motivieren
Und so muss er häufig eben
Ärztlich auch ein Beispiel geben.
Denn kommt hier infolgedes
Zu dem Rauchen noch der Stress,
Ist die sichre Konsequenz
Ein Infarktus imminens.
So zum Beispiel, als Herr Kuck
Klagte über Thoraxdruck,
Ohne dass er diesohalb
Ließ nun seine Pfeife kalt,
Sprach der Doc zunächst Fraktur
Mit der armen Kreatur.

Trotzdem als nach ein paar Tagen
Kuck kam mit den gleichen Klagen,
Nahm der Doktor ganz diskret
Kucken nochmals ins Gebet.
Da jedoch das EKG
War zum zigsten Mal okay,
Schickt ihn Pointer regulär
Diesowegen stationär,
Dass man sicher und geschwind
Abklärt, ob der Kucken spinnt.
Dort stellt man den armen Tropf
Vierzehn Tage auf den Kopf.
Doch da Werte und Befund
Sind im Grenzbereich gesund,
Schließt daraus man kurzerhand:
Kucken ist ein Simulant.
Diesohalb, welch Ironie,
Bleibt er ohne Therapie.
Leider, das ist die Geschichte,
Kam der Fall vor die Gerichte,

Weil man diesen Simulant'
Plötzlich tot im Bette fand.
Pointer ist, als er's erfährt,
Augenblicklich auch verstört,
Doch dann denkt er: Sei gepriesen,
Dass du Kuck hast eingewiesen,
Denn du hättest andernfalls
Jetzt die Polizei am Hals.

Zwischen Beifall oder Zischen
Liegt oft nur ein Spalt dazwischen,
Drum braucht jeder zum Geschick
Manchmal auch als Doktor Glück.

Doktor „Becquerel"

Wer beim Trinken oder Essen
Mit dem Schluckakt hat Malessen
Oder aber allenfalls
Manchmal einen Kloß im Hals,
Der bekommt im Regelfall
Per Routine Ultraschall,
Dass man ohne drum und dran,
Gleich die Schildrüs' messen kann.
Hiernach prüft man zweifelsohne
Selbstverständlich die Hormone.
Gibt es dann noch off'ne Fragen,
Kommt ein Szintigramm zum Tragen.
Nun macht leider hier vor Ort
Doktor Köhler stets sofort
Ohne Not als Vorprogramm
À la mode ein Szintigramm.

Fragt man aber dann nervös:
„Doktor Köhler, strahlt denn dös?"
Spricht der Doktor: „Kamerad,
Strahlen tut's beim Sonnenbad
Und die höchste Dosis kriegt,
Wer beständig Flugzeug fliegt.
Diesohalb man folgedessen
Kann dies bisschen hier vergessen."
Doch obwohl nun der Befund
Allermeistens ist gesund,
Wird von Köhler ungeniert
Jeder trotzdem supprimiert
Und kriegt später nochmals dann
Wiederum ein Szintigramm.
Doch wer meint, das wär's gewesen,
Sollte mal im *Spiegel* lesen,
Was die Ärzte alles nun
Sind bereit für Geld zu tun.
So geht dann die Prozedur
Hier auch Jahr für Jahr retour,
Und damit noch nicht genug,
Das ist letztlich fast Betrug,
Wird gleich jeder einbestellt,
Der sich zur Verwandtschaft zählt.
So kriegt Kind und Ehemann
Ebenfalls ein Szintigramm.
Pointer hat sich, wie man hört,
Drob bei der KV beschwert,
Doch da Köhler, gar nicht dumm,
Sitzt in jedem Gremium,
Führt die Klage insoweit
Lediglich zu Heiterkeit.

„Fremder, drum ich warne dich,
Komme nicht nach Unna nich!

Und, wenn's doch einmal geschieht,
Nimm ein Dosimeter mit,
Denn hier kriegst du zweifellos,
Unbewusst und kostenlos,
Sozusagen vis-à-vis
Eine Strahlentherapie!"
Pointer aber seitdem strikt
Zu dem Köhler nichts mehr schickt.
Dieser ist zwar pekuniär
Zwischenzeitlich Millionär,
Doch sein Ruf ist garantiert
Auf die Weise ruiniert,
Alldieweil man generell
Nennt ihn Doktor „Becquerel"!

Der Unfall

Doc Pointer im Berufsverkehr
Verdrehte sich die Hacke schwer
Und lag wie bei 'ner Drop Attack
Bewegungslos im Straßendreck.
Gleich schwoll sein Fuß in Windeseile,
Und auch am Kopf wuchs eine Beule.
Die Menschen liefen kreuz und quer,
Bis einer rief die Feuerwehr,
Die fuhr ihn schnell ins Krankenhaus.
Er schrie und flehte: „Lasst mich raus!"
Am Eingang sah er voller Schrecken
Die Karten in der Stechuhr stecken.
„Oh Gott!", durchfuhr's dem armen Mann,
„Verdammt! Jetzt ist der Notdienst dran."
Die Schwestern rissen munter Witze,
Schon kam der Notarzt mit der Spritze

Und haute kräftig auf die Vene,
Doc Pointer biss sich auf die Zähne,
Dieweil die Nadel bohrte tiefer,
Zerriss der Biss ihm fast den Kiefer.
Als endlich war die Nadel drinnen,
War er gleich weg und ganz von Sinnen.
Kaum wacht er auf aus seinen Träumen,
Verspürt er Schmerz in beiden Beinen.
Er sah das eine noch geschwollen,
Das andre hing an Eisenrollen.
Sein Leben war vorerst gerettet,
Jedoch war er nun angekettet.
Geduldig schluckt er bittre Pillen,
Lässt sich mit Saft und Tropfen füllen
Und hofft, dass auch der Chefarzt glaubt,
Dass man das richt'ge Bein verschraubt.
Drob hat er furchtbar noch gelitten,
Vor allem bei den Chefvisiten.
Das kranke Bein ist schnell gesundet,
Das andre ist und bleibt verwundet.

Doc Pointer schwört bei seinen Krücken:
„Nie werde ich aus freien Stücken
Und nie mehr nach dem Vesperschmaus
Betreten noch ein Krankenhaus!"

Der Albtraum

Pointer hatt', man glaubt es kaum,
Neulich einen bösen Traum:
Denn ihm träumte justament,
Dass er selber als Patient
Säß voll Angst und sine, sine
Ganz allein in der Kabine,
Wo ihn wartend, stumm und nackt,
Langsam die Verzweiflung packt.
Endlich dann um halber zehn
Wirft so im Vorübergehn
Hautarzt Doktor Debertin
Einen kurzen Blick auf ihn.
Plötzlich ruft der ganz entzückt:
„Was ist das! Ich werd' verrückt!
Ich sah nie", schreit er bewegt,
„Dieses Bild so ausgeprägt.
Große Papeln, Ton in Ton!
Hier noch rot, dort schuppt es schon,
Und im Zentrum dergestalt
(Pointer wird es heiß und kalt)
Fängt der Ausschlag – nicht zu fassen –
An gerade abzublassen.
Kommt!", brüllt er voll Hysterie,
„So was sah ich selbst noch nie!"
Pointer denkt sich: Tolle Chose,
Hätt' ich jetzt nur meine Hose.
Doch inzwischen, wie fatal,
Kommt das ganze Personal.
So wird Pointer, quasi nackt,
Nun beguckt und dann bezwackt;
Bis der Doktor voll Pläsiere
Endlich spricht: „Ich gratuliere,

Diese Krankheit, wie ihr seht,
Nicht mal im Pschyrembel steht
Und das Leiden − leider, leider −
Heißt nach ihrem Erstbeschreiber
,Dermatitis' – lange Pause –
,Multiforme Meyer-Krause'."
„Und?", fragt Pointer, „Teufel auch,
Namen sind wie Schall und Rauch.
Was im Himmel, wann und wie
Macht man denn als Therapie?"
„Pointer!", droht der Doktor scharf,
„Fragen, wenn ich bitten darf,
Sind bei mir – mit einem Satz –
Völlig falsch und fehl am Platz.
Ich kurier und das genügt,
Keiner weiß, woran das liegt!"
Durch die Worte aufgebracht,
Pointer aus dem Traum erwacht
Und seitdem fährt immer wieder
Ihm der Schrecken in die Glieder,
Denn die Wirklichkeit kommt ja
Manchmal diesem Traume nah.

Die Patientenklage

Frau Mathilde Hellerich
Niemals traut dem Doktor nich'.
Immer, wenn der was verschreibt,
Scheint sie eher abgeneigt
Und sie fragt nach A und B
Schließlich auch noch Doktor C.
Hat dann Pointer ihr geraten,
Zu vermeiden fette Braten,
Holte sie beim Würstchen Maxe
Sicher sich 'ne Schweinehaxe.
Als verbot er Alkohol,
Trank sie sich die Hucke voll.
Warnt' er aber nebenbei
Einmal vor der Raucherei,
Weil vor allem Ruß und Teer
Für die Lungen schädlich wär,
Rauchte sie noch mal so viel,
Als wär das ein Kinderspiel.
Gab der Doktor ihr jedoch
Etwas wie Tabletten noch,
Hatte sie gleich Widerwillen,
Denn sie traute keinen Pillen.
Alles, was er rezeptierte,
Hellerichen boykottierte.
Diesohalb war mit den Jahren
Ihr Verhältnis sehr verfahren,
Alldieweil ja ohnehin
Sie nichts hielt von Medizin.
So zum Beispiel bei Infekten
Nahm sie Pulver aus Insekten.
Bei Angina ihre Kur
War ein Glas Urintinktur

Und bei Husten früh im Bette
Griff sie rasch zur Zigarette.
Schon beim nächsten Hustenstoß
Kam der Schleim dann wirklich los.
Irgendwann versagte nun
All ihr selbst gestricktes Tun
Und das zwang sie, ohne Fluchen,
Endlich Pointer aufzusuchen.
Dieser hat dann kurz entschlossen
Gleich ein Röntgenbild geschossen,
Drauf entdeckt' er – Junge, Junge! –
Einen Tumor in der Lunge,
Der, das sagte er ihr glatt,
Sei bei Rauchern obligat.

Hellerichen unverwandt
Ist zum Staatsanwalt gerannt.
Dort verlangte dieses Biest,
Dass man Pointers Praxis schließt:
„Denn der hat doch überhaupt
Mir das Rauchen ja erlaubt
Und er ließ mich stets gewähren,
Ohne richtig aufzuklären.
Er hat mich auf dem Gewissen,
Weil er hätt's verbieten müssen!"
Drum, wie seltsam ist die Welt,
Will sie von ihm Schmerzensgeld.

Der Notdienst

Jeder Arzt reibt sich die Hände,
Wenn es geht ins Wochenende,
Nur der Doktor leider hat
Heute Notdienst in der Stadt.
Gleich am Morgen kurz nach acht
Gibt es Ärger mit Frau Bracht:
„Doktor! Mich seit zwei, drei Tagen
Hohe Fieberschübe plagen,
Jetzo – huch, mein Taschentuch! –
Will ich einen Hausbesuch."
„Bitte sagen sie mir doch,
Ist das Fieber noch sehr hoch?"
„Pointer, nach der Arzenei
War'n es siebendreißig zwei."
„Dann", spricht Pointer ganz beklommen,
„Könn'se in die Praxis kommen."
„Doktor Pointer! Ja von wegen!
Aus Prinzip fahr ich bei Regen,
Felsenfest steht mein Entschluss,
Niemals mit dem Autobus."
„Das, Frau Bracht, kann ich verstehn,
Bitte schön, auf Wiedersehn!"
Kaum hat Pointer aufgelegt,
Hört er draußen aufgeregt,
Wie sein Nachbar „Pointer!" schreit
„Meiner Frau geht's übel heut."
Pointer ist sofort zur Stelle,
Prüft den Pulsschlag auf die Schnelle
Und beginnt gleich mit Courage
Hurtig mit der Herzmassage.
Dann durch Atmung, Mund zu Mund,
Kommt nach einer Viertelstund'

Eben grad – und auf und nieder –
Langsam auch der Blutdruck wieder.
Plötzlich aber, allgemach,
Gibt es hinter Pointer Krach,
Denn es will der Pfarrer eben
Ihr die letzte Ölung geben
Und ist insoweit empört,
Dass der Doktor hierbei stört.
Pointer fragt sich ganz gelassen:
Soll ich sie hier sterben lassen?
Schließlich laut und ohne Rage,
Mittenmang der Herzmassage:
„Wenn sie glauben mein Theater
Stört im Himmel den Gottvater
Und ich könnte etwas nun
Gegen Seinen Willen tun,
Haben sie ganz lapidar
Nichts begriffen, Herr Vikar!"
Pointer, ziemlich angeschlagen,
Lädt sie in den Rettungswagen
Und begleitet sie hinaus
Bis ins nächste Krankenhaus.
Kurz danach, wie zu vermuten,
Muss sich Doktor Pointer sputen,
Denn die Sprechzeit ist à jour
Immer pünktlich um zehn Uhr.
Jetzo nach zwei schweren Fällen
Und vereinzelt Bagatellen
Zeigt ein Ehepaar dezent
Ihm ihr Pillensortiment,
Dass er einmal überprüft,
Ob das gut ist oder Gift.
„Hierzu ist, mein liebes Paar,
Doch der Notdienst gar nicht da.

Bitte schön und ohne Spaß
Fragen sie den Hausarzt das."
Gleich dann: „Schützenstraße zwo
Hausbesuch bei Mehmet O."
Pointer sieht nicht einen Schimmer,
Als er tritt ins Krankenzimmer
Und er bahnt sich mühsam auch
Seinen Weg durch Tabakrauch.
„Wo hat denn, ich kann's nicht fassen,
Zwischen all den Menschenmassen
Der mit Bronchialinfekt
Hier im Raume sich versteckt?"
Pointer macht mit einem Griff
Fenster auf und gleich klar Schiff,
Und nachdem das Zimmer leer,
Kriegt Herr O. Luft wie vorher.
Dann, Punkt drei, gibt's auf der Stelle
Plötzlich keine neuen Fälle.
Pointer holt sich das Programm,
Denkt dabei: Sieh an, sieh an!
Denn es spielt zum x-ten Male
Deutschland wieder ein Finale.
Keiner merkt drum in der Stadt,
Dass die Oma Schmerzen hat
Und so kann es schon passieren,
Dass hier Krankheit tut grassieren
Und die Menschheit es vergisst,
Bis das Spiel zu Ende ist.
Jedenfalls geht's rigoros
Nach dem Schlusspfiff richtig los.
Jetzt als Nächstes, wie im Märchen,
Kommt ein junges Liebespärchen.
Sie ist völlig aufgelöst,
Er dagegen schimpft erböst:

„Diese Hure garantiert
Hat beim Sex mich infiziert,
Drum hat jetzt mein Männchen Pis
Gottverdammt die Syphilis!"
Pointer lacht: „Ist halb so schlimm."
Und er spricht danach zu ihm:
„Lieber Mann, die ganze Chose
Liegt primär an der Phimose,
Denn die hat sich vehement
Beim Geschlechtsakt eingeklemmt.
Lasst uns drum den kleinen Bösen
Schnell von seinem Schmerz erlösen."
Kaum, dass er sich hingesetzt,
Hört der Doktor ganz entsetzt,
Wie Frau Azad laut empört
Sich dort am Empfang beschwert:
„Heute soll der Doktor wissen,
Was ich hab erdulden müssen,
Weil er quasi mich ad hoc
Schickte zu dem Lungendok'.
Schon beim ersten Vorgespräch
Nahm der mir mein Sprayzeug weg
Und dann sagt der Vollidiot,
Meine Luft- und Atemnot
Käm wahrscheinlich regulär
Von den Parasiten her,
Diesohalb, mich tritt 'ne Laus,
Müsst' sofort mein Perser raus.
Doktor, Frollein, sagte ich,
So was kommt vom Männe nich
Und zudem, da guckste was,
Hat mein Mann den Doppelpass!"
„Frau Azad, es tut mir leid,
Wir ham wirklich keine Zeit,

Denn dies heut ist voll und ganz
Eine Notfallambulanz!"

„Doktor Pointer! Telefon!
Es ist Bullerjahn sein Sohn."
„Doc! Wir sitzen seit halb vier
Wie auf heißen Kohlen hier,
Denn mein Vater, ganz frustriert,
Afterwärts ein Drücken spürt.
Doktor Pointer könn'se eben
Ihm nicht einen Einlauf geben?"
Pointer flucht in sich hinein:
Herrgott lass mich nicht allein!
Dann gefasst und zuckersüß:
„Holen sie sich Practoclys
Und das wird dann, wie geschmiert,
Eigenhändig eingeführt."
Gleich schlägt er dann, wie malad,
Fluchend auf den Apparat
Und er denkt sich: Manche Hirne
Haben's wirklich in der Birne!
Später grad beim Abendbrot
Schellt das Handy: „Sapperlot!"
„Doc! Sie wissen doch, jawoll,
Dass mein Mann trinkt Alkohol.
Jetzo liegt er dick und fett
Wieder neben seinem Bett
Und ich krieg ihn ganz allein
Nicht mehr in sein Bett hinein."
„Gute Frau, was ist dabei,
Rufen sie die Polizei
Oder lassen sie ihn doch
Auf dem Boden schlafen noch."
Endlich kurz nach Mitternacht
Pointer meint, es ist vollbracht,

Doch als er sich hingelegt,
Klingelt's wieder unentwegt.
„Hier Doc Pointer! Ja, hallo!"
„Doc ich muss, ich muss zum Klo!
Doch so sehr es auch pressiert,
Irgendwie ist was blockiert
Und der Bauch ist à la long
Aufgebläht wie ein Ballon."
Pointer weiß: Ein Bauchproblem
Muss er sich vor Ort besehn,
Drum besucht er sie sogleich.
„Das Abdomen scheint noch weich,
Nur der Anus digital
Ist im Ganzen etwas schmal,
Diesohalb ich rezeptier:
Dulcolax als Elixier."
„Pointer", sagt sie unverhohlen,
„Wenn sie jetzt die Flasche holen,
Nehmen sie den Schein dabei,
Denn ich hab gebührenfrei."
Pointer steht da wie gelähmt
Und er denkt: Wie unverschämt
Ist doch manche blöde Kuh.
Rumms! Knallt er die Türe zu.

Auf dem Heimweg in der Nacht
Pointer sich Gedanken macht.
„Notdienst", spricht er, „allemal
Ist für Ärzte eine Qual.
Erstens geht für wenig Kröten
Der normale Rhythmus flöten,
Zweitens, da man permanent
Die Patienten gar nicht kennt,
Herrschen immer Angst und Zweifel,
Dass uns narrt der Fehlerteufel.

Drittens, weil es kostenfrei,
Mancher ruft den Arzt herbei,
Der ist alsobald zur Stelle
Und kuriert 'ne Bagatelle,
Während er, was gar nicht geht,
Anderswo im Notfall fehlt.
Besser wär' auf jeden Fall,
Dass im Notdienst kämen all,
Stets sofort und ohne Staus
Gleich ins nächste Krankenhaus,
Wo dann auch der Notarzt sitzt
Und entscheidet hiero itzt,
Ob Patienten mit Beschwerden
Ambulant behandelt werden
Oder, ob sie, wenn's prekär,
Lieber bleiben stationär.
Ja man könnte dann per se
Mit Labor und EKG
Wie CT und quelque chose
Stellen gleich die Diagnose.
Leider aber ist das heuer
Kassentechnisch viel zu teuer.
Trotzdem wäre es ganz gut,
Wenn sich etwas ändern tut."

Die Anamnese

Ja selbst der Medizinstudent,
Wenn er nicht allzu häufig pennt,
Schon lernt, dass mittels Anamnesen
Auch schwerste Fälle sind zu lösen.
Doc Pointer drum mit Akribie
Erforscht das Wo und Wann und Wie,
Weil mittenmang sich oft direkt
Die Lösung im Detail versteckt.

Als heute nun Frau Zimmermann
Mit Schwindel in die Praxis kam,
Fragt Pointer nach dem: Wie es geht?
Wo sich's im Einzeln bei ihr dreht?
„Das war", beginnt sie mit Bedacht,
„In Meinerzhagen früh um acht.
Nein, nein, da war doch eine Schranke,
Davor, dahinter – kein Gedanke –
Es war, jawoll, ich hab es schon,
Genau an dieser Bahnstation.
Ich sagte noch zu meinem Mann …"
„Genug! Genug! Sagt mir nur wann?
Damit ich endlich das Problem
Zusammenhängend kann verstehn."
Erneut beginnt sie, wieder laut:
„Wir waren doch bei Edeltraut,
Dazu bei dem und noch bei dem,
Ich glaub, es war schon kurz vor zehn …"
Der gute Doktor irritiert
Fast seine Contenance verliert,
Jedoch für eine Therapie
Da braucht er wenigstens das Wie?
Die Frau fängt an, jetzt mit Bedenken,
Den Kopf nach links und rechts zu schwenken:

„Nun ja, ich kann es kaum beschreiben",
(Der Doktor denkt, dann lass es bleiben.)
„Und eben jetzt, oh Schreck, oh Schreck!
Ist auch der Schwindel wieder weg."
Letztendlich dann im Wartezimmer
Da meckert sie, so ist das immer:
„Der Doc bei diesem Interview,
Fragt dummes Zeug und hört nicht zu."
Doc Pointer aber umgekehrt
Ist ebenfalls noch sehr verstört,
Dieweil ja leider Anamnesen
Sind immer kostenlos gewesen.

Der Ärztekongress

Jeder Arzt fährt mit Int'resse
Einmal jährlich zum Kongresse,
Denn dort hört er mit Genuss,
Was man Neues wissen muss.
Pointer sitzt drum sozusagen
Heut im Vortrag für den Magen
Und stellt mit Erstaunen fest,
Dass der Redner vom Podest
Ihm auf penetrante Weise
Vorschreibt die Behandlungsweise.
„Magenschmerzen", spricht der locker,
„Kriegen heute Säureblocker,
Drum ham alle hier im Saal
In der Zukunft keine Wahl,
Denn es gibt, wie dem auch sei,
Nur noch diese Arzenei.
Alles andre unterm Zähler
Gilt jetzt als Behandlungsfehler!"

Wie, denkt Pointer ganz verstört,
Der auf diese Pille schwört?
Denn bei ihm die Therapie
Half auf Dauer letztlich nie.
Als er grade zieht Bilanz,
Wo kommt her die Diskrepanz?
Sieht er wie in einer Ecken
Zwei die Köpf' zusammenstecken.
Pointer schleicht sich, Mensch sei helle,
In die Nähe dieser Stelle
Und da hört er – welche Schande –,
Dass die ganze Vortragsbande
Hat sich Aktien, sapperlot,
Zum Salär als Zusatzbrot
Eingekauft und ungeniert
An der Börse spekuliert.
Durch den Vortrag, welche Posse,
Kriegt die Aktie bald 'ne Hausse,
Weil die Ärzte durchs Verschreiben
Schnell die Kurse höher treiben.

Nicht immer, was von oben kommt,
Für jeden von uns gleichfalls frommt.
So kann vor Fehlern und Gefahren
Uns oft der Zweifel nur bewahren.
Drum frage stets ohn' Unterlass
Ein jeder sich: Wem nutzt denn das?

Das unmögliche Rezept

Doktor Pointer ganz verstört
Plötzlich aus dem Bette fährt.
Irgend so ein armer Tropf
Steht auf seinem Klingelknopf.
Pointer will, noch halb verschlafen,
Diesen Störenfried bestrafen,
Diesohalb schreit er vor Wut:
„Herr verdammt, nun ist es gut!
Nimm die Hand von meiner Schelle,
Sonst gibt's Ärger auf der Stelle!"
Dann reißt er, noch ganz in Rage,
Auf die Tür, doch welch Blamage,
Denn, erschüttert vom Radau,
Steht dort Wenzels Ehefrau.
„Ach, Herr Doktor!", schnell sie ruft,
„Meine Birte kriegt kaum Luft." –
„Gute Frau, jetzt im Moment
Bin ich zwar noch ohne Hemd,
Doch, wenn sie ein bisschen warten,
Können wir gemeinsam starten."
Dieses aber dauert leider,
Weil der Doc sucht seine Kleider.
Schließlich Pointer in der Nacht
Seine Untersuchung macht
Und am Ende spricht er schlicht:
„Ohne Spritze geht das nicht."
Hier Frau Wenzel wendet ein:
„Eine Spritze! Nein, oh nein!
Lieber Doktor mit Chemie
Bessert sich das Leiden nie,
Denn es heilt auf Dauer nur
In der Regel die Natur." –

„Also gut, dann machen sie
Wadenwickeln bis zum Knie,
Dann für's Atmen unters Kinn
Reiben sie ihr Transpulmin
Und zuletzt fein Lück' auf Lücke
Für die Brust Kartoffelstücke.
Sollte trotzdem dann das Fieber
Bis zum Frühstück steigen wieder,
Rufen sie mich noch mal an.
Gute Nacht! Bis Morgen dann."
In der Praxis um halb acht
Wenzeln dorten Ärger macht,
Denn sie fordert frank und frei
Geld für den Kartoffelbrei
Und der Doktor, dieser Hund,
Rezeptiert ihr nicht das Pfund.
Nunmehr droht sie mit der Kasse,
Wenn er das sofort nicht lasse,
Außerdem in dem Quartal
Sei sie hier zum letzten Mal.

Heute hört man immer wieder
Ähnlich böse Klagelieder
Und im Westen, wie im Osten
Meint man Heilung darf nichts kosten.
Den sozialen Grundgedanken,
Dass Gesunde für den Kranken,
Dass der Reiche für den Schwachen
Krankheit erst bezahlbar machen,
Hat vergessen Volkesmasse –
Sehr zum Nachteil jeder Kasse.

Der Krankenbesuch

Jeweils an Besuchertagen
Häufen sich Patientenklagen,
Sei es, dass ein Magendrücken
Oder ein verspannter Rücken
Wie auch plötzlich selbst das Herz
Spüret intensiven Schmerz.
Jedenfalls im Klinikum
Fragt man ständig sich: Warum?
Pointer wüsste insofern
Diese Ursach' auch zu gern.
Also denkt er: Relativ
Bin ich zwar kein Detektiv,
Trotzdem sollte ich beginnen
In dem Trakt der Wöchnerinnen,
Denn allhier ist das Getöse
Nach Besuchen äußerst böse.
Also schlüpft er durch die Tür
Unerkannt in Zimmer vier.
Hier sich drängen, nicht zu glauben,
Heute wahre Menschentrauben
Und im Qualm der Zigaretten
Sieht man kaum noch alle Betten.
Pointer will nun ganz diskret
Sagen, dass das so nicht geht,
Doch er dringt, was allerlei,
Leider nicht durch das Geschrei.
Eben spricht, man hört es gut,
Zu Frau Heise Tante Ruth:
„Neulich", sagt sie halb gequält,
„Hat mir Trudchen doch erzählt,
Was im Ernstfall so passiert,
Wenn man hier im Haus gebiert.

Stell dir vor, da war 'ne Frau,
Die wurd' plötzlich blitzeblau
Und dann hieß es: C'est la vie!
Tod durch Lungenembolie!"
Durch die Worte irritiert
Ist Frau Heise kollabiert.
Tante Ruth, sonst eher helle,
Trommelt auf die Zimmerschelle,
Stürzt dann – „Gott, wie ist mir übel!" –
Schleunigst an den Wasserkübel.
Pointer wütend und empört
Über das, was er gehört,
Brüllt sie an: „Verdammt Frau Ruth,
Es ist in der Tat nicht gut,
Wenn man Kranken tut berichten
Schauermärchen und -geschichten!"
Damit schickt er die Bagage
Mit Gewalt von der Etage.
Gleich nach diesen Schrecksekunden
Hat Frau Heise dann entbunden.

Ruth jedoch ist auf den frechen
Doktor Pointer schlecht zu sprechen.
Sie bestellt ihm, dass er büße,
Stante pede nie mehr Grüße.

Die Sexualsprechstunde

Jeder Mensch hat mal Probleme,
Manchmal kleine, oft extreme
Und mit steigender Tendenz
Kommt's dadurch zur Impotenz.
Da dies selten selbst verschwindet,
Pointer diesowegen findet,
Dass ein Arzt an manchen Tagen
Zeit hat für intime Fragen.

Gleich am Montag schildert Böhm
Doktor Pointer sein Problem.
Denn, so sagt er, beim Verkehr
Fühl' er meistens hinterher
Mal ein Frösteln, mal ein Brennen,
Ohne dessen Grund zu kennen.
Pointer weiß, ganz konsterniert,
So was hat er nie studiert.
Trotzdem fragt er: „Wie und Wo?"
En détail und auch en gros,
Dann besieht er viele Male
Äußerlich das Genitale.
Prüft dann rückwärts von rektal,
Ob die Prostata normal
Und bestimmt noch zweifelsohne
Alle Sexualhormone.
Anderntags zeigt der Befund,
Böhm ist dergestalt gesund.
Pointer flucht: „Wieso denn nur
Finde ich hier keine Spur?"
Noch mal fragt er fast naiv:
„Böhm, wie oft sind sie aktiv?"
„Einmal sommers, mal im Winter,
Wie im Juli gleich dahinter."

Ängstlich dann: „So zweimal jährlich
Halten sie das für gefährlich?"
Pointer schaut und guckt verdutzt,
Ob man ihn auch nicht veruzt.
Plötzlich lacht er: „Lieber Böhm,
Ich würd' Herbst und Frühjahr nehm',
Weil sie dann, ich kann's beschwören,
Weder Frost noch Hitze stören."

Der Beipackzettel

Hochdruck gilt, weil er nicht zwickt,
Meist als Kavaliersdelikt,
Und es oft genug geschieht,
Dass man ihn dann übersieht.
Pointer will drum intensiv
Dieses ändern präventiv.

Einstmals, schon des Abends spät,
War bei Flux der Druck erhöht.
Pointer hat ihn – nicht verkehrt –
Gleich ausführlich aufgeklärt
Und ihn, dass er's auch behält,
Zur Kontrolle einbestellt.
Hierzu aber, welche Crux,
Nicht erschien der Herr von Flux.
Irgendwann, so ist das oft,
Kam er gänzlich unverhofft.
Jetzo Pointer, flink und stet,
Nahm ihn nochmals ins Gebet:
„Achten sie auf ihr Gewicht!
Fett verträgt der Körper nicht.

Zweitens: Finger weg vom Salz!
Nur ein bisschen allenfalls.
Ferner bringt auch Nikotin
Für ihr Leben kein Gewinn
Und besonders Alkohol
Tut dem Ganzen gar nicht wohl.
Steigt dann, trotzdem sie solider,
Justament der Blutdruck wieder,
Müssen wir, um sie zu retten,
Rasch ihn senken mit Tabletten."
Doktor Pointer mehrmals noch
Prüft, ob der RR ist hoch.
Sei es, dass der Flux den Rat
Mit dem Salz vergessen hat
Oder dass der gute Mann
Nicht das Naschen lassen kann,
Jedenfalls bei dem Monsieur
Bleibt der Blutdruck in der Höh'.
So gibt's zur Philippika
Antihypertonika.
Anderntags – direkt nach sieben –
Rast Herr Flux, nicht übertrieben,
Ohne Worte und Termin
Gleich zu Doktor Pointer rin.
„Pointer!", ruft er: „Scharlatan!
Schaunse sich den Beipack an,
Falls davon nur etwas stimmt,
Ist man tot, wenn man das nimmt,
Und ich glaub' selbst Dioxin
Ist am Ende halb so schlimm."
Jetzo schmeißt er einen Wisch
Wutentbrannt auf Pointers Tisch
Und lässt dann im Handumdrehn
Den entsetzten Doktor stehn.

Kurz danach war dann zu lesen,
Dass Herr Fluxen ist gewesen,
Weil ein Schlaganfall am Morgen
Ihn erlöste seiner Sorgen.
Heut liegt jeder Arzenei
Stets ein Beipackzettel bei.
Jeder, dem sein Leben lieb,
Kommt nach diesem Horrortrip
Ganz alleine ins Gegrübel:
Ob 'ne Krankheit gar so übel
Oder ob man, auch nicht gut,
Pillenmäßig sterben tut.

Der blaue Montag

Montags früh, wie jedes Mal,
Pointer fühlt sich ganz fatal,
Weil die Praxis ist ein Treff'
Mit dem Wunsch nach AUF.
Jeder sucht aus vielen Gründen
Von der Arbeit zu verschwinden.
Erstens geht es auf die Knochen,
Wenn man schafft nur volle Wochen.
Zweitens man's bequemer fände
So ein längres Wochenende.
Drittens tut es jedem gut,
Wenn man einfach einmal ruht.
Viertens der Berufsverkehr
Stört doch in der Frühe sehr.
Fünftens, wenn du immer musst,
Gibt es Zeiten ohne Lust.
Grad kommt jetzt zur Tür herein
Mit Lumbago Schievelbein,

Um acht Tag daheim zu sitzen,
Lässt er sich sogar was spritzen.
Dann versucht Herr Atatük
Gleich beim Doktor auch sein Glück:
„Pointer, du sein Allerbester,
Ich geh weg nach meine Schwester.
Einfach du nur unterschreiben,
Dass ich muss zu Hause bleiben."
Pointer denkt: Was mach' ich bloß?
Wieder ist er Einen los.
Nächst erscheint Frau Meckernich:
„Ich kann gar nicht schlafen nich'.
Immer, wenn ich grad will pusten,
Muss ich fürchterlich stets husten."
Pötzlich, während der Attacke,
Spuckt sie gleich auf seine Jacke.
Pointer, eher abgeneigt,
Hat sie wenig überzeugt.
Dann tritt ein, sieh' einer an,
Unser Onkel Timmermann,
Dem die Gicht beim Schützenfest
Stets die Flinte zittern lässt,
Weil das kann sehr schmerzhaft sein,
Kriegt er einen gelben Schein.
Gleich danach freut sich Herr Dicken,
Doktor Pointers Hand zu drücken.
Leider so seit vierzehn Tagen
Fühle er den Stress im Magen,
Doch trotz Urlaub und der Kur
Von Erholung keine Spur.
Jetzt bräucht' er der Wochen drei,
Weil dann wieder Urlaub sei.
Doktor Pointer zweimal schluckt
Und sein Mund verdächtig zuckt,

Dies daran wohl eben liegt,
Dass er einen Anfall kriegt.

Manchmal drum sind montags früh
Gelbe Scheine rasch perdu.
Pointer fänd' deshalb es schön,
Montags Menschen hier zu sehn,
Die als Arzt ihn wirklich fordern,
Ohne dass sie „Gelbe" ordern.

Die gestörte Nachtruhe

Pointers nachts in ihrem Bette
Schnarchen friedlich im Duette.
Plötzlich schrecken sie empor,
Weil ein Klingeln dröhnt ins Ohr.
Mitbedingt durch diesen Krach
Wird auch die Familie wach.
Pointer, wenig formidabel,
Nimmt den Hörer von der Gabel:
„Doktor Pointer! Ja, hallo!" –
„Ach Herr Doktor bin ich froh.
Dass sie jetzo ganz akut
Nicht geschlafen noch geruht,
Denn seit Tagen hab ich Schmerzen
An den Rippen überm Herzen.
Ich kann gar nicht schlafen nicht,
Weil es in der Brust so sticht."
Doktor Pointer nimmer prüde,
Trotz und dem er ist sehr müde,
Fragt zunächst ohn' Unterlass
Erst mal dies und schließlich das.

Dann zieht er sein Resümee:
Dringlich sei ein EKG.
Also rät er ohne Fragen
Ihm zu einem Rettungswagen,
Denn es sei ja immerhin
Ein Infarktgeschehen drin.
Kaum hat Pointer aufgelegt,
Wälzt er sich nun unentwegt
Und er hat den Rest der Nacht
Ohne Schlafen zugebracht.

Gegen zehn kommt, frisch frisiert,
Die Nachtberatung reinspaziert.
Doktor Pointer sichtlich stöhnt,
Weil er ihn woanders wähnt.
Zweitens fragt er: „Ja warum
Sind sie nicht im Klinikum?" –
„Ach Herr Pointer heute Nacht
Habe ich mir gleich gedacht,
Wenn der Doktor erst mal hört,
Was dich so beim Schlafen stört,
Lassen Schmerz und Ungemach
Nach dem Anruf sicher nach.
Jetzo lass ich, mir zum Segen,
Schnell das EKG anlegen."
Doktor Pointer müde guckt,
Während er den Groll verschluckt,
Und er denkt: Wenn alle wüssten,
Dass durch solche Egoisten
Wie durch Meckern und durch Motzen
Manchmal Arztsein ist zum Kotzen.
Sicher gäb's bei dieser Kenntnis
Für die Ärzte mehr Verständnis.

Die Rezeptgebühr

Pointer wegen Dingerdissen
Hat sich heute ärgern müssen,
Alldieweil im Generellen
Dieser tut sich stets bestellen
Große Mengen Arzenei,
Als sei alles kostenfrei.
Ihn schon lange hat gewundert,
Wo der lässt die vielen hundert
Kapseln, Tabs wie auch Dragee'
Ohne Nebenwirkung je.
Pointer bittet ihn drum heut
Zum Gespräch als Therapeut.
Dingerdissen ist empört,
Dass den Doc die Menge stört.
„Selbstverständlich nicht allein
Nehm ich diese Pillen ein.
Doch elf Euro sind mir heuer
Als mein Anteil viel zu teuer!
Weil nun meine Kegelbrüder
Spüren gleichfalls ihre Glieder
Und der Schmerz sich also gleicht,
Wird das Teilen für uns leicht.
Jeder, das ist das Konzept,
Zahlt ein bisschen vom Rezept."
Pointer findet innerlich
Diese Denkart widerlich,
Drauf nimmt er jetzt gleich Bezug
Und hält fünfzig für genug.
Dingerdissen fehlt jedoch
Hierfür das Verständnis noch.
Etwas später irgendwann
Dingerdissen ruft ihn an:

„Lieber Doc!", ruft er beklommen,
„Ich bitt' rasch vorbeizukommen,
Denn ich habe fürchterliche
Kolikgleiche Nierenstiche."
Pointer macht sich auf sofort
Und ist alsobald vor Ort.
Kaum steht er dort in der Diele,
Kriegt er starke Druckgefühle,
Denn da hängt so allerlei
Postmoderne Malerei.
Doch im Wohnraum – „Herr Gefreiter!" –
Fast komplett die „Blauen Reiter"
Und dazu – sieh an, sieh an –
Orginale von Cezanne.
Pointer hierob sehr bestürzt
Seinen Hausbesuch verkürzt.

Mensch, knurrt er, das ist echt hart,
Wenn man nicht im Kleinen spart,
Wird man nie und nimmermehr
Hier im Leben Millionär.

Die Fahrgemeinschaft

Freitags früh, wie allezeit,
Fährt zur Stadt Frau Butgereit
Und tut scheinbar mit Ergötzen
Einen Praxisstuhl besetzen.
Dort sie wartet, wie sich's frommt,
Bis an sie die Reihe kommt.
Pointer denkt sich: Liebe Zeit,
Ist schon wieder Freitag heut?
Wie ist's möglich, dass Beschwerden
Stets am Freitag schlimmer werden?
Pointer sucht jetzt, wie verrückt,
Ganz verzweifelt was sie drückt?
Endlich meint er voller Pein:
„Eine Krankheit kann nicht sein.
Ich deshalb muss – bitteschön –
Mir das Übel nah besehn."
Schnell rafft da Frau Butgereit
Ihre Bluse und das Kleid
Und sie spricht: „Durch das Gespräch
Sind die Schmerzen quasi weg.
Vielen Dank! Ich lass nur eben
Mir den Taxischein noch geben."
Doktor Pointer ist vergrätzt
Und in seinem Stolz verletzt,
Denn ihn immer noch erböst,
Wenn er einen Fall nicht löst.
Mittags sieht er Butgereit,
Wie sie in ein Taxi steigt,
Um mit allen Nachbarinnen
Ihre Rücktour zu beginnen.
Pointer denkt dabei beklommen:
Dass ich nicht darauf gekommen!

Jeden Freitag, wie gesagt,
Ist hier doch der Wochenmarkt
Und Frau Butgereit, herrje,
Ist behindert mit AG.
Diesohalb, das ist famos,
Fährt sie gleichsam kostenlos,
Selbstverständlich ungestraft,
Mit der lieben Nachbarschaft
– Stets im Taxi außerdem –
Zu dem Markte ganz bequem.
So gibt's in den Nachbarorten
Kaum Probleme mit Transporten
Und hier sich die Butgereit
Steigender Beliebtheit freut.

Das defekte Klo

Mittenmang im Wolkenbruch
Pointer muss zum Hausbesuch.
Diesoweil die Häusernummern
Überall im Finstern schlummern,
Macht es Pointer wenig Spaß,
Denn er ist bald pitschenass.
„Damned!", flucht er, „meine Fresse!
Wo verflixt ist die Adresse?"
Als er endlich findet sie,
Ist er feucht bis an die Knie.

Oben dort in seiner Kammer
Liegt mit Durchfall Egon Hammer.
Pointer, der noch immer flucht,
Ihn zunächst mal untersucht.

Hiernach stellt er ihm anheim,
Was die Ursach' könnte sein:
„Aber in den meisten Fällen
Sind es halt die Salmonellen." –
„Lieber Doktor! Apropos,
Heute ist verstopft mein Klo
Und auf diesem Eimer hier
Macht das Ganze kein Pläsier.
Außerdem, wenn es pressiert,
Keiner so was repariert,
Ich deshalb möcht, bitte sehr,
Aus dem Grunde stationär."
Pointer geht nun die Misere
An die eigne Standesehre,
Denn dies Handwerk, das ist gut,
Vaterseits steckt ihm im Blut.
Rucki, zuck mit Kennerblick
Krempelt er sein Hemd zurück
Und so hat der Amateur
Bald beseitigt das Malheur.
„Lieber Hammer, was ist nu?
Schick ich dir 'ne Rechnung zu,
Um mal endlich zu kassieren
Nach Verdienst hier die Gebühren?
Denn mir bringt ein Hausbesuch
Quasi hierzu nicht genug,
Weil der Satz nach RVO –
Ist geschenkt für'n heiles Klo."

Bei Besuchen, ungelogen,
Fühlen Ärzte sich betrogen,
Trotzdem denkt der Doc: Auwei!
Wenn du hier machst jetzt Geschrei,
Schreibt sogleich die Presse: Toll!
Arzt kriegt seinen Hals nicht voll!

Aber auf der andren Seite,
Denkt mal nach, ihr lieben Leute,
Wer kommt nachts, wenn ihr in Nöten,
Per sofort für wenig Kröten?
Kein Meister geht bei solchem Lohn
Ja selbst am Tag ans Telefon
Und über die Gebühr bei Nacht,
Die ganze Innung herzlich lacht.

Der Notfall

Schievelbein nahm ohne Sorgen
Jahrelang und stets am Morgen
Ohne Folgen immerhin
Mengenmäßig Medizin.
Hierbei ist ihm garantiert
Heut zum ersten Mal passiert,
Dass er aus Versehen grad
Die Portion verwechselt hat.
Drum rast er ohn' Zeitverlust
In die nächste Klinik just.
Schievelbein dort auf die Schnelle
Geht direkt zur Meldestelle,
Um zu sagen: „Objektiv,
Ich muss gleich auf Intensiv!"
Drauf die Dame freundlich: „Bitte?
Sie sind heute schon der Dritte
Und ich brauch' erst allerlei
Für die Krankenhauskartei."
So wird erst mal aufgenommen,
Wann er ist hier angekommen?

Dann die Fragen zur Person:
Name, Ort und die Nation.
Hierzu, das ist sicher recht,
Nennt er fünftens sein Geschlecht.
Jetzt – Herr S. ist aufgeschmissen,
Denn die Dame will auch wissen,
Wo er einstmals, wie verrückt,
Hat das Licht der Welt erblickt.
Siebtens heißt es: Welche Kasse?
Erster oder zweiter Klasse?
Arbeitgeber, Telefon,
Die Adresse von dem Sohn;
Außerdem scheint wissenswert,
Welche Kirche er verehrt,
Denn im Notfall, ohne Zweifel,
Geht die Seele sonst zum Teufel.
Schievelbein nach diesen Fragen
Merkt den Pillendruck im Magen.
Weil jedoch, was allerhand,
Der Computer noch vakant,
Wird in diesem Fall nach Stunden
Mühsam erst ein Bett gefunden.

Irgendwann, so nach und nach,
Kommt der Arzt vom Magenfach
Und befragt ihn nebenbei:
„Warum er hier im Hause sei?"
Schievelbein, nun doch gequält,
Sein Problem von vorn erzählt.
Plötzlich spürt er – „Feurio!"–
Starken Drang zum nächsten Klo.
Hiernach fühlt er ungewollt,
Sich gesund und fast erholt.
Doch vor Ort, was legitim,
Plötzlich steht ein Ärzteteam,

Um jetzt seinen Puls zu fühlen
Und den Magen auszuspülen.
Schievelbein ist nicht erfreut,
Dass man ihn noch mal betreut
Und auf Wunsch, wie gegen Rat,
Er das Haus verlassen hat.

Seit altersher bei uns schon gilt:
Den Mensch schuf Gott nach seinem Bild.
Doch weil er ahnte die Misere,
Die ihm die Heilkunst einst beschere,
Da hat er jedem Menschenleben
Ein zähes Naturell gegeben.

Ein dringender Besuch

Doktor Pointer jederzeit
Ist zur Hilfe gern bereit,
Doch in manchem Augenblicke
Hat das Arztsein seine Tücke.
So zum Beispiel Freitag spät
Einem Arzt die Lust vergeht,
Wenn noch kurz vor Toresschluss
Wird gefordert ein Besuch.
Fragt man dann, seit wann und wo
Die Beschwerden drücken so,
Kriegt man öfters ja zu hören,
Dass die schon seit Tagen wären,
Doch weil morgen Samstag sei,
Müsse schnell der Arzt herbei.
Außerdem, wer weiß, wer weiß,
Sei die Stirne etwas heiß.

Pointer rät drum: „Meine Beste!
Erst mal in das Bett das Nächste
Und dann ohne alle Spritzen
Sollten sie ganz tüchtig schwitzen."

Abends Pointer ohne Ruh
Denkt sich dies und das dazu
Und, dieweil er ist korrekt,
Fährt er selbst zu dem Objekt.
Kaum drückt er den Klingelknopf,
Steht im Haus der Segen Kopf,
Denn die Kranke – „Heil'ger Vater!"–
Sitzt bereits im Staatstheater.

Der misslungene Hausbesuch

Manche Leute einwandfrei
Wünschen sich den Arzt herbei,
Wenn sie wieder mal nicht wissen,
Wie sie sich verhalten müssen.
Drum auch Pointer abends spät
Oft noch auf Besuche geht.
Heute muss er j.w.d.
Zu der Witwe Charpentier.
Diese tut seit ein paar Tagen
Überall ein Jucken plagen,
Und sie lebt in Angst und Schrecken,
Seit die Haut zeigt rote Flecken.
Pointer trotzdem ohne Fluchen
Geht die Dame jetzt besuchen,
Weil ein Arzt sich gern beguckt,
Wenn's wo krabbelt und wo juckt.

Pointer, während er so fährt,
Fühlt sich endlich ungestört
Und er überlegt dabei:
Welches Leiden das wohl sei?

Bald im Lichte zweier Funzeln
Sieht man ihn die Stirne runzeln,
Weil im Dunkeln es geschieht,
Dass man manches übersieht.
Prima vista, vis-à-vis,
Pointer glaubt an Allergie.
Kaum gedacht hat er schon Zweifel,
Dass ihn narrt der Fehlerteufel.
Gleich danach er irritiert
Meint, ob sie sich infiziert?
Nein, gesteht er selbst sich kläglich,
Denn bei ihr scheint das unmöglich.
Diesohalb im Ungewissen
Fragt er nach Insektenbissen?
Charpentier, als sie das hört,
Ist aufs Äußerste empört.
„Lieber Doc! Ich darf doch bitten,
Hier gibt's keine Parasiten!"
Doktor Pointer, wie gelähmt,
Drob entschuldigt sich verschämt
Und verschreibt ohn' hinzugucken
Irgendetwas gegen Jucken.
Dann er schweißgebadet findet,
Dass er besser schnell verschwindet.

Da – im Auto fängt's am Batzen
Plötzlich bei ihm an zu kratzen,
Ja er merkt auch anderswo,
Dass ihn piekt ein kleiner Floh.

Pointer nun bei jedem Biss
Seiner Sache sicher is'
Und er freut sich ungeniert,
Weil er halt sich ungern irrt.
Doch im Halse bleibt ein Kloß,
Denn die Witwe ist er los.

Manchmal ist die Diagnose
Eine ganz verzwickte Chose,
Und dann sollte unser Wissen
Besser ruhn im Ungewissen.

Die nächtliche Beratung

Doktor Pointer schnarcht beflissen
Mittenmang zwei weicher Kissen.
Plötzlich schrillt mit lautem Ton
Auf dem Tisch das Telefon.
Aus den Träumen aufgeweckt,
Ruft er: „Was ist los?" erschreckt.
„Mensch! Wo ist nur meine Brille?
Blödes Ding sei endlich stille!"
Hastig fasst er hin und her.
Die Schelle klingt bedrohlicher.
Kaum fühlt er das kalte Glas,
Sitzt es schon auf seiner Nas'.
Glücklich wähnt er sich am Ziel,
Doch im Dunkeln hilft's nicht viel.
„Wo, verdammter Ruhestörer,
Ist denn bloß der olle Hörer?"
Als er meint, nun hat er ihn,
Fällt das dumme Ding ihm hin.

Endlich, nach 'ner Krabbeltour,
Ist der Doktor an der Schnur.
Aus dem Hörer klingt es: „Tuut!"
Pointer packt die kalte Wut,
Sagt sich dann: „Wat soll denn det!"
Dreht sich um und geht ins Bett.
Fast hat er die Augen zu,
Stört das Ding erneut die Ruh',
Schnell springt er vom Bette hoch,
Stößt sich seine Schläfe noch
An dem großen Lampenschirm.
Fluchend reibt er seine Stirn:
„Wieso, verdammt und zugenäht,
Bloß das dumme Ding hier steht?
Bitte", knurrt er in den Hörer:
„Wer ist da? – Frau Anne Scherer?"
Pointer denkt noch ganz empört:
Hab den Namen nie gehört.
Doch wär's möglich, dass es stimmt
Und er bloß sich nicht entsinnt?
Peinlich wär's schon, welche Tücke,
Zuzugeben diese Lücke.
Also spricht er: „Dann mal zu,
Wo drückt heute Nacht der Schuh?" –
„Ach, Herr Doktor, ist das gut,
Dass sie jetzt noch nicht geruht.
Meine Britta in der Nacht
Ist mit Krämpfen aufgewacht,
Hat sich einmal übergeben,
Nahm die letzten Tropfen eben
Und nun schläft sie wie ein Bär,
Als wenn nichts gewesen wär'.
Weil wir ihnen nur vertrauen,
Bitt' ich sie vorbeizuschauen."

„Liebe Frau des Nachts um drei
Mag ich keine Narretei.
Woll'n sie wirklich zum Verrecken,
Ihre Tochter jetzt noch wecken?
Kommt ein zweiter Anfall dann,
Rufen sie mich wieder an.
Doch in Zukunft würd' ich raten
Mit Vernunft erst abzuwarten.
Nicht bei jedem ersten Schrei
Ruft man schon den Arzt herbei.
Wenn bei jeder Kleinigkeit
Alle Doktors wär'n bereit
Und sofort Besuche führen,
Könnt es ihnen leicht passieren,
Dass der Doktor plötzlich fehlt,
Wenn's im Notfall wirklich zählt,
Weil er sich an andrer Stelle
Kümmert um 'ne Bagatelle."

Donnerstags

Donnerstags ist es fast immer
Proppenvoll im Wartezimmer
Und, obwohl so viele krank,
Warten alle ohne Zank
Mit gar heiter frohen Mienen
Bis die Reihe ist an ihnen.
Pointer schneller noch als je
Macht jetzt nur das Nötigste –
Und pardon, mehr ist nicht drin,
„Dreiminutenmedizin".
Trotzdem lässt sich nicht vermeiden,
Dass die Wartezeiten steigen.

Pointer wundert heute bloß:
Was ist mit den Leuten los?
Manche bitten, kaum zu fassen,
Andre erst mal vorzulassen.
Keiner meckert, keiner flucht,
Keiner auch zu drängeln sucht.
Komisch, denkt er, ist es schon,
Dass heut herrscht ein andrer Ton,
Und vornehmlich die Behörden
Haben ganz akut Beschwerden?
Scheinbar gibt's dort in der Früh
Donnerstags 'ne Endemie.

Doktor Pointer, nach 'ner Pause,
Ruft herein den Amtmann Krause.
„Lieber Doktor!", wehrt sich der,
„Warten fällt mir heut nicht schwer.
Ja, ich läse allzu gern
Nach der *Gala* noch den *Stern*."
Pointer drob ist leicht vergrätzt
Und in seinem Stolz verletzt,
Denn er merkt, dass heute alle
Kommen wegen der Journale,
Alldieweil der Zeitungskram
Wechselt donnerstags Programm.
So versammelt sich hier nun,
Wer nichts Bess'res weiß zu tun,
Und gar viele, die sonst dösen,
In der Praxis Rätsel lösen.
Außerdem liest man ausführlich,
Ohne Kostendruck natürlich,
Seit' für Seit' die unberührten,
Nagelneuen Illustrierten.
Doktor Pointer, stark verprellt,
Hat den Zirkel abbestellt.

Jetzt kriegt jeder, wie es schien,
Selbst an diesem Tag Termin,
Denn seitdem bleibt, Herr, o Herr,
Donnerstags die Praxis leer.

In der Notfallambulanz

Pointer sonntagabends still
Seine Ruh genießen will,
Da sieht er in, ohne Witze,
Einem Auge helle Blitze
Und es tanzen, schwarz wie Teer,
Flecken vor dem Auge her.
Pointer seine Brille putzt,
Doch da dieses nichts genutzt,
Fragt er sich und das klingt böse,
Ob sich wohl die Netzhaut löse?
Diesohalb, verdammter Schiet,
Er sich schon erblinden sieht,
Wenn man das nicht ganz akut
Per sofort behandeln tut.
Da nun sonntags in der Stadt
Jeder Arzt geschlossen hat,
Lenkt der Doktor seine Schritte
In die Klinik Dortmund-Mitte.
Dorten selbstverständlich dann
Meldet er sich erst mal an.

Im Warteraum, das freut ihn sehr,
Ist Gott sei Dank noch alles leer.
Doch bald merkt Pointer ganz frustriert,
Dass hier im Grunde nichts passiert.

Drum öffnet er, man hört es kaum,
Die Schiebetür zum Ärzteraum
Und sieht sogleich, wie dort gelassen,
Zwei Damen plaudern zwischen Tassen.
„Ja hallo! Liebe Kaffeerunde,
Ich warte schon seit einer Stunde
Und da ich hier vor allen Dingen
Will heute nicht die Nacht verbringen,
Möcht ich jetzt wissen, bitte schön,
Wann sie an ihre Arbeit gehn?"

Beide Damen sind empört,
Weil sich Pointer hat beschwert.
„Nur Geduld, mein lieber Mann,
Sie sind sicher auch noch dran."
Jetzt erst kriegt er, nicht gelogen,
Den bekannten Fragebogen,
Wo drin steht das Wo und Wie
Oder ob er Allergie?
Während nun die eine Kraft
Sich den Überblick verschafft,
Hat Frau Doktor hier per se
Augen nur für den PC.
Drum kehrt diese blöde Kuh
Pointer nur den Rücken zu.
Ohne ihren Kopf zu heben,
Lässt sie ihm die Tropfen geben,
Dass, nach einer Wartezeit,
Die Pupillen werden weit.
Während Pointer wieder wartet,
Dass die Untersuchung startet,
Geh'n nach Stunden, ei der Daus,
Überall die Lichter aus.
Jetzo in der Ambulanz
Herrschen Stille und Vakanz.

Pointer ist gleich wutentbrannt
Durch das ganze Haus gerannt,
Bis er endlich, welcher Hohn,
Jemand findet auf Station.
Dort hört er auf seine Bitte:
„Die Frau Doktor macht Visite.
Dann sogleich", Doc Pointer flucht,
„Werden sie noch untersucht."
Als die Ärztin ist bereit
Und hat endlich für ihn Zeit,
Spricht sie: „Pointer, das ist schlimm,
Denn es ist das Atropin,
Lieber Mann, es tut mit Leid,
Abgeklungen insoweit,
Dass ich kaum betrachten kann,
Was ist an der Netzhaut dran."
Doktor Pointer garantiert
Hier im Ganzen explodiert:

„Verdammt, was ist das Ärztewesen
Doch früher einmal gut gewesen!
Hier herrschen in der Ambulanz
Nur Hochmut und auch Kaffeekranz!
Ich hab deshalb für heut, jawoll,
Die Schnauze jetzt gestrichen voll!"
Am nächsten Morgen, wie gesagt,
Als Pointer seinen Arzt befragt,
Erklärt ihm dieser: „Wie ich seh,
Ist deine Netzhaut ganz okay.
Jedoch, wenn irgendwann mein Lieber
In deinem Auge blitzt es wieder,
Dann gibt es keine Wartefrist,
Denn da das stets ein Notfall ist,
Beeile dich, sonst Menschenskind
Wirst du auf einem Auge blind!"

Die Pollenallergie

Pointer hat im Februar
Häufig Bronchialkatarrh
Und von wegen Augenjucken
Kann er manchmal kaum noch gucken.
Diesohalb im Augenblick
Testet er sich mittels Prick
Gegen Hausstaub, Milben, Kräuter,
Pollen, Gräser und so weiter.
Das Ergebnis ist zum Schluss:
Birkenpollen vierfach plus.
Leider steht nun, ei der Daus,
Eine Birke hinterm Haus.
Doch obwohl, wie zu erwarten,
Dieser Baum in seinem Garten
Wurde schon vor langer Zeit
Selbst gepflanzt und auch betreut,
Schreibt er an den Rat der Stadt,
Dass er Birkenasthma hat
Und er wünsche insoferne,
Dass man diesen Baum entferne.

Nun als Antwort, wie verrückt,
Dreimal wär er fast erstickt,
Hieß es dann von Amtes wegen,
Dass man trotzdem wär dagegen,
Weil der Baum nach Satzungsgrund
Sei zu dick und kerngesund.
Ferner – Paragrafenreiter –
Wär sein Vorschlag, schrieb man weiter,
Bäume, Büsche oder so
Anzupflanzen anderswo,
Nicht, das war die Quintessenz,
Möglich wegen Präzedenz.

Pointer drum nun jedes Jahr
Fühlt sich fast dem Tode nah,
Denn es geht ihm, meine Güte,
Äußerst schlecht zur Birkenblüte
Und dies nur, weil hiero itzt
Jeder Baum wird streng geschützt
Und in diesem Lande eben
Wenig gilt ein Menschenleben.

Freitag der 13.

Pointer sich bereits vor acht
Auf den Weg zur Praxis macht
Und er denkt für sich beim Gehn:
Mensch, wie ist doch Arztsein schön.
Erstens ist es int'ressant,
Zweitens wird man anerkannt,
Ferner, wenn man dann und wann
Menschenleben retten kann,
Fühlt man sich auch insoweit
Irre geil und benedeit.
Während sich nun die Gedanken
Weiter in die Höhe ranken,
Spricht ihn vor der Praxistür
Plötzlich an Herr Bütefür.
„Doc! Ich kriegte nachts, au Backe!
Tief im Schlafe 'ne Attacke
Und in meiner Atemnot
Sah ich schon Gevatter Tod.
Jetzt, da ich total okay,
Brauch ich meinen Hustenspray."
„Lieber Mann! Ich riech es doch,
Trotz des Hustens rauchst du noch.

Nunmehr keine Widerrede,
Höre auf! Jetzt stante pede!
Denn auf Dauer – einwandfrei –
Hilft dir keine Arzenei."
Durch die Predigt ganz schockiert,
Bütefür ist fast kuriert
Und verspricht ihm felsenfest,
Dass er gleich das Rauchen lässt.
Pointer hiernach voller Glück
Lehnt im Sessel sich zurück,
Doch als er zum Fenster sieht,
Flucht er laut: „Verdammter Schiet!"
Denn da steht der Bütefür
Rauchend vor der Praxistür.

Langsam mit Beamtenschritt
Nähert sich jetzt Hänschen Schmitt.
Kaum hat der sich hingesetzt,
Will er, Pointer ist entsetzt,
Ohne Krankheit und Beschwerden
Stationär behandelt werden.
Pointer denkt nur: Sieh mal guck,
Jeder nimmt sich einen Schluck
Und wenn dann, weil Flasche leer,
Steigt der Beitrag allzu sehr,
Machen alle Mordsgeschrei,
Dass das Schuld der Ärzte sei,
Weil in Praxen, wie wir wissen,
Wird mit Pillen rumgeschmissen
Und der Doktor ganz allein
Drängt die Leut zum gelben Schein.
Ja man zwingt mit Hochgenuss
Jeden Fall ins Krankenhus.
Pointer gibt sich einen Ruck.
„Schmitt", sagt er, „es ist genug!

Vor zwei Wochen ungefähr
Waren sie erst stationär
Und man checkte sie doch da
Just von A bis Omega."
„Doktor!", jetzt wird Schmitten bös,
„Sakrament, was soll denn dös.
Mach nicht so ein Tralala,
Ich will gleich ins BWK.
Krieg ich aber nicht den Schein,
Fahr ich trotzdem an den Rhein.
Kurz vor Koblenz, so ist's recht,
Wird es mir ein bisschen schlecht,
Dann bringt mich die Feuerwehr
Gleich ins Haus der Bundeswehr."
Pointer rauft sich seine Haare,
Dass er Contenance bewahre.
Gleich danach erscheint Herr Wix:
„Doc, ich habe wirklich nix,
Aber ich brauch dergestalt
Zwei Atteste möglichst bald.
Erstens, dass aus Krankheitsgründen
Ich muss neue Arbeit finden,
Weil das Amt, wie ich gehört,
Mir drei Löhne sonst verwehrt.
Zweitens, da ich jetzt allein
Möchte Arbeitgeber sein,
Braucht die Bank fürs Kapital
Ein Testat, nur ganz pauschal,
Dass nach Durchsicht der Kartei
Ich nie krank gewesen sei
Und dass ferner für mein Leben
Risiken sind nicht gegeben."
Pointer fragt sich, ganz bedrückt,
Sind denn alle jetzt verrückt?

Doch als er aufs Datum sieht,
Weiß er, was ihm heut noch blüht,
Denn da sieht er Freitag stehn,
Freitag Komma drei und zehn.

Die neue Brille

Pointer freut, wie jedermann,
Wenn er Sport betreiben kann,
Drum macht er des Abends spät,
Weil es früher gar nicht geht,
Sozusagen als Ventil,
Nach dem Dienst ein Tennisspiel.
Doch im trüben Hallenlicht
Sieht er oft die Bälle nicht
Und er trifft, man kann's erahnen,
Plötzlich häufig nur den Rahmen.
„Meine Güte!", knurrt er schlicht:
„Tennis, das verlernt man nicht."
Montags geht er gleich ad hoc
Just zu seinem Augendok',
Der, nach kurzem Hin und Her,
Was wohl an den Augen wär,
Spricht zu ihm: „Nach dem Befund
Sind die Augen kerngesund.
Allerdings ist Dämmerlicht
Gar nicht gut fürs Augenlicht,
Diesohalb, was red' ich ville,
Kriegste endlich eine Brille."
Als Doc Pointer, ganz geknickt,
Auf die Rezeptur jetzt blickt,
Liest er, was ja gar nicht geht,
Dass da Lesebrille steht.

Verdammt denkt er, was soll der Spaß,
Mit soner Brille auf der Nas'
Kann ich beim Spiel, wie soll das gehn,
Im Leben niemals besser sehn?
Darauf ist Pointer kurzerhand
Zu Brillen Bütefür gerannt
Und dort hat man im Handumdrehen
Sich das Problem genau besehen.
Dabei stellt sich doch glatt heraus:
„Mensch Büteführ, Applaus! Applaus!"
Dass leider durch 'Skopiererei
Ein Auge übersichtig sei
Und außerdem wär objektiv
Bei ihm die Augenachse schief,
Drum könnte er bei Tennismatchen
Die Ballentfernung nur noch schätzen.

Diesohalb kriegt er sofort
Eine Brille für den Sport
Und der Fehler garantiert
Durch das Glas wird korrigiert.
Jetzt seitdem ist seine Sicht
Comme il faut bei Dämmerlicht.
Ja er spielt mit diesem Glase
Tennis wie ein alter Hase.

Der Herzinfarkt

Doc Pointer will, wie schon seit Jahren,
Im Mai zum Klassentreffen fahren,
Da wird es ihm mit einem Mal
Nach dem probaten Mittagsmahl
Ganz übel: „Und zum Teufel auch!"
Denn plötzlich schmerzt sein Oberbauch.
Als dann nach Durchfall und Erbrechen,
Der arme Doc kann kaum noch sprechen,
Bringt seine Frau ihn per sofort
Ins nächste Krankenhaus am Ort.
Dort liegt als Notfall er, va bene,
Auf einer Pritsche ganz alleene
Und wartet bis, wie es sich frommt,
Dass endlich, endlich einer kommt.
Nach einer langen Wartefrist
Ein Arzt dann auch erschienen ist.
Doc Pointer hört nicht was der sagt,
Dieweil akuter Schmerz ihn plagt:
„Jedoch nach Blut und EKG
Sind alle Werte ganz okay."
Darum, fast hätt's ihn umgebracht,
Wird er auf die Station gebracht.
Dort ruht er gänzlich unbekümmert,
Dieweil sein Schmerz sich noch verschlimmert.

Seine Frau, als sie das hört,
Ist erbost und ruft empört:
„Wenn mein Mann nicht, ei verflucht,
Bald wird gründlich untersucht,
Nehm ich ihn, trotz des Radaus,
Mit ins nächste Krankenhaus!"
Plötzlich gibt's in diesem Fall
Magenspieg'lung, Ultraschall

Und, nach Vorbereitung dann,
Kommt zuletzt der Dickdarm dran.
Insgesamt wird trotz und dem
Nicht gelöst das Schmerzproblem.
Da bei Pointer Montagfrüh
Alle Schmerzen sind perdu,
Hat man ihn sogleich gelassen
Ohne Skrupel flugs entlassen.
Pointer hat nach ein paar Wochen
Seinen Hausarzt angesprochen,
Der sagt gleich nach dem Bericht:
„Irgendetwas stimmt hier nicht,
Ich schreib noch mal, tut nicht weh,
Wiederum ein EKG."
Als er dann sein Schweigen bricht,
Macht der Arzt ein ernst Gesicht:
„Pointer, du hast unbestritten
Einen Herzinfarkt erlitten.
Danke Gott als guter Christ,
Dass du noch am Leben bist."
Pointer tut jetzt int'ressieren:
„Wie kann so was denn passieren?"
„Ja, mein Lieber, wenn man schnelle
Ist im Krankenhaus zur Stelle,
Kann es sein, das ist fatal,
Dass Befunde noch normal
Und man drum in dem Moment
Herzinfarkte nicht erkennt.
In der Regel immerhin
Ist das eigentlich nicht schlimm,
Weil auf Intensiv direkt
Alles wird noch mal gecheckt.
Da du aber in der Tat
Statt von Kasse bist privat,

Tut man dich des Geldes wegen
Auf Privatstation verlegen.
Diesohalb, das ist das Tolle,
Unterblieb die Nachkontrolle."

Pointer schimpft drauf: „Meine Fresse!
Täglich liest man in der Presse,
Dass Patienten von der Kasse
Wären alles dritter Klasse.
Ich jedoch, obwohl Kollege
Und privat noch allerwege,
Sage ihnen: Solch Geschwätze
Ist doch hier das Allerletzte,
Denn die Ärzte insoweit
Hatten auch für mich nie Zeit.
Trotzdem muss ich, will was heißen,
In den sauren Apfel beißen
Und die Kosten sintemalen
Aus der eignen Tasche zahlen."
Pointer denkt, so ist es immer,
Denn in Zukunft wird's noch schlimmer,
Da durch diese Fallpauschale
Ärzte produzieren alle,
Dass ihr Haus nicht Pleite geht
Quantität statt Qualität!
Jetzt Patienten von den Kassen
Werden blutig noch entlassen,
Weil es zählt an erster Stelle
Nur die Anzahl aller Fälle,
Zweitens müssen Medici
Ohne großes Kikriki,
Die Privaten kürettieren,
Schallen, spiegeln, operieren
Und ein jeder kriegt per se
Kernspintomo und CT.

Jede Klinik kann sich so
Ohne großes Pipapo
Jetzt durch die Privatgebühren
Ohne Kassendruck sanieren
Und erhält mit einem Satz
Ärzten auch den Arbeitsplatz.
Kassen finden absolut
Pauschbeträge auch sehr gut,
Denn sie meinen, mit den Jahren
Könnt' man dadurch Kosten sparen.
Selbst Private – apropos –
Freut's am Ende sowieso,
Dass man, wenn man durchgecheckt,
Keine Krankheit hat entdeckt,
Und sind froh, ist es zu fassen,
Dass ein jeder, wenn entlassen,
Immer noch, das ist doch wat,
Im Körper noch Organe hat.

Der Sportunfall

Immer Freitagabend spät
Pointer noch trainieren geht,
Denn dann spielt er jedesmal
Mit den Ärzten Volleyball.
Einmal, mittenmang im Spiel,
Pointer auf die Nase fiel,
Weil er meinte, was nicht nett,
Dass man ihn getreten hätt'.
Wie er liegt dort auf dem Boden
Fühlt im Bein er Schmerzen toben.
Alle aber, das ist Spitze,
Glauben Pointer mache Witze.

Doch als sie balde, ohne Frage,
Erkennen die bedrohte Lage,
Sieht Pointer, wie sie zum Verrecken,
Die Köpfe gleich zusammenstecken.
Der Erste meint dann: „Oh, verdammt!
Der Wadenmuskel scheint verspannt."
Der Zweite jetzo, ein Franzose,
Tippt ganz akut auf 'ne Thrombose.
Der Dritte sagt: „Das fraglos is'
Wahrscheinlich nur ein Muskelriss."
Der Vierte endlich: „Tut mir leid,
Ganz sicher bin ich insoweit,
Dass hier ist die, es klingt beschissen,
Achillessehne durchgerissen."
Nach groß Palaver Hin und Her
Was jetzo denn zu machen wär'?
Da schickt man ihn: „Seid ihr gescheit!"
Noch in der Nacht nach Lüdenscheid

Und weil das praktisch j.w.d.,
Drum dauern solcherweis per se
Transporte schon aus diesem Grunde
Besonders nachts 'ne gute Stunde.
Kaum ist er dorten angekommen,
Sieht Doktor Pointer ganz verschwommen
Das ganze Haus, das gibt es nicht,
Ist völlig dunkel, ohne Licht.

So durchsucht man sozusagen
Mit dem Rollstuhl die Etagen
Bis man schließlich dann entdeckt,
Wo der Dienstarzt sich versteckt.
Pointer, von dem Schmerz benommen,
Sieht den Assistenten kommen
Mit: „Mensch Meier!" Ihm wird übel,
In der Hand die Notarztfibel.
Schon beginnt der Medikus:
„Den Befund ich prüfen muss."
Gleich befühlt er rucki, zuck!
Das verletzte Bein mit Druck.
Dadurch jetzt vor allen Dingen
Hört der Doc die Engel singen
Und er schwört, die Qual wird schlimmer:
„Du da operierst mich nimmer!"
Diesohalb hat er die Nacht
Lieber leidend durchgewacht.
Samstagmorgen immerhin
Operiert ein andres Team.
Bald darauf tut man auf Krücken,
Ihn mit Gips nach Hause schicken.
Als er später dann erzählt,
Wie man dort ihn hat gequält,
Sagen alle: „Liebe Zeit,
Wer geht noch nach Lüdenscheid?

Dort der Chefarzt Doktor Arndt,
Wir ham alle dich gewarnt,
Ist bekannt, oh quelle Malheur,
Als ein schlechter Op'rateur."
Pointer staunt, das ist ja köstlich,
Lüdenscheid missfällt euch plötzlich,
Trotz und dem, ich werd verrückt,
Ihr habt mich dorthin geschickt.
So ist's immer, wie gesagt,
Wenn dir jemand ungefragt
Sozusagen zu was rät,
Was dann in die Hose geht,
Will's am Ende allgemein
Keiner je gewesen sein.
Gott sei Dank hatt' ich bekanntlich,
Großes Glück und das ist amtlich."

Der Schlaganfall

Pointer nachts ist aufgeschreckt,
Weil ihn seine Frau geweckt.
„Pointer", lallt sie: „Mein Gesicht!
Ich fühl eine Seite nicht
Und hab auch, was allerhand,
Kein Gefühl in meiner Hand."
Doc Pointer jetzo unbedingt
Beherzt aus seinem Bette springt
Und ruft sofort: „Eins, Eins und Zwei!"
Den Notarzt alsogleich herbei,
Dieweil er weiß in jedem Fall
Tut Eile Not beim Schlaganfall.
Im Hospital, das ist absurde,
Erzählt der Arzt, ein echter Kurde,

„Lokalbefund und Anamnese
Sind Zeichen einer ‚Face-Parese‘
Und nichts“, Doc Pointer ist perplex,
„Spricht hier für einen Apoplex.“
Doc Pointer, trotz und dem bestimmt,
Besteht darauf, dass man sie nimmt
Und will mit ihr gleich auf der Stelle
Auf die Station für Schlaganfälle.
„Oh nein, mein Herr, so geht das nit,
Denn dies ist mein Spezialgebiet
Und ihre Frau bekommt sofort
Zunächst mal Cortison vor Ort.
Im Anschluss dann nach einer Stund’
Fährt sie nach Haus und ist gesund.“
Doc Pointer kann es zwar nicht fassen,
Hat trotzdem dieses Haus verlassen.
Als dann am nächsten Tag: „Nanu!“
Die Lähmung nimmt erschreckend zu,
Fährt er noch mal mit Frau und Sohn
Erneut auf diese Stroke-Station.
Da steht doch da: „Ich geh am Stock.“
Wie tags zuvor der gleiche Doc.
„Bei meiner Frau, Doc sie erinnern,
Die Lähmung tut sich rasch verschlimmern,
Denn jetzt ist schon, Herr Gott erbarm,
Die ganze rechte Seite lahm.“

„Pointer“, knurrt der Doktor nun:
„Ich hab sonntags viel zu tun
Und im Ganzen ich zudem
Frag mich, wo ist das Problem?
Klar ist ein für alle Mal,
Dies hier ist kein Schlaganfall.“
Pointer wütend und frustriert,
Ist ins nächste Haus marschiert.

Dort wird seine Frau direkt
Auf die „Stroke unit" gesteckt,
Wo man endlich adäquat
Diesen Fall behandelt hat
Und vom Apoplex, welch Glück,
Gott sei Dank blieb nichts zurück.
Pointer schrieb, weil es ja merde,
An den Chefarzt 'ne Beschwerde.
Dieser ihn bald kontaktiert,
Weil der Fall auch ihn frustriert:
„Stets an Sonn- und Feiertagen,
Pointer, gibts die gleichen Klagen,
Denn für Krankenhauspatienten
Fehlen deutsche Assistenten
Und wir kriegen für die Posten
Nur Kollegen aus dem Osten,
Die man, hoffen wir sodann,
Möglichst auch verstehen kann.
Leider ist der Status quo,
Dass die Leute sowieso
Kaum die deutsche Sprache sprechen
Oder höchstens radebrechen."
Pointer denkt sich: Diesobald
Wird in Deutschland nur noch alt,
Wer im Notfall, ist doch schön,
Kann verstehen fremde Tön.

Die Sanierung der Post AG.

Oft und grad in letzter Zeit
Kommen in die Praxis Leut',
Die gestehen frank und frei,
Dass man Postbeamter sei
Und auf Rat des Postdocteur
Kämen jetzo sie hierher,
Dass der Pointer, raffiniert,
Ihnen Krankheit attestiert
Und so ohne groß Probleme
Vor der Zeit in Rente käme.

Jedoch als heute ganz gewitzt,
Herr Meier, der am Schalter sitzt
Und der ansonsten, da zu viert,
Nur Briefe annimmt und frankiert,
Sich picobello in Zivil
Den Krankenschein hier holen will,
Da nimmt Doc Pointer insoweit
Zur Untersuchung sich die Zeit.
Danach spricht er: „Nach dem Befund
Sind sie im Ganzen kerngesund."

Drauf der Meier, ungeniert,
Schimpft und meckert couragiert:
„Weil am Schalter, bitte sehr,
Oft ein Päckchen äußerst schwer,
Muss ich öfters sozusagen
Mehr als zwanzig Kilo tragen,
Drum kann ich allein mitnichten
Schalterdienste noch verrichten."
Pointer denkt sich: Kann nicht sein
Und verweigert ihm den Schein.

Kurz darauf ist Doktor Thon
Von der Post am Telefon:
„Pointer", ist von dort zu hören,
„Willst du unsre Arbeit stören?
Lass mal fünfe grade sein,
Gib den Leuten ihren Schein."
Pointer hat ganz aufgeregt
Gleich den Hörer aufgelegt.
Als er in die Zeitung sieht,
Weiß er endlich was geschieht
Und versteht, sonst gar nicht blöd,
Wie die Chose vor sich geht.
Weil die Post hat allemal
Viel zu teures Personal
Und sie will, bald aktuell,
An die Börse: very well!
Geht das aber leider nicht,
Weil man die Beamtenschicht
Keinesfalls, ist das zu fassen,
Kann aus ihrem Job entlassen.
Diesohalb, das ist nicht schwer,
Müssen Krankheitsgründe her,
Dass Beamte, ist das schön,
Können gleich in Rente geh'n.
Doktor Pointer flucht im Stillen,
Denkt voll Frust und Widerwillen:
„Hier wird gänzlich ungeniert
Die marode Post saniert
Und die Kosten alldieweil
Trägt der Bürger, das ist geil.
Ich jedoch bei diesem Schritt
Mache nie und nimmer mit!"
Leider kriegt er dergestalt
Hierfür seine Quittung bald,

Denn seitdem ist die Kartei
Gänzlich Postbeamten frei.

Der Aktenhaufen

Es ist fast zum Haare raufen,
Wenn man sieht den Aktenhaufen
Mit den ganzen Antragsbögen,
Alles der Prozente wegen.
Doktor Pointer voller Schmerz
Nimmt sich Sonntagfrüh ein Herz
Und diktiert ins Sprechgerät:
„Erstens: Antrag Kalle Spät.
Nach der Durchsicht seiner Karte
Stehn dort – beim Prophetenbarte –
Lediglich nur Hämorrhoiden,
Die ja schließlich alle kriegen."
Niemand findet so was toll.
Pointer fragt sich, was das soll?
Zweitens nun, das kann nicht sein,
Ist da doch ein Jüngelein,
Dem der kleine Blinddarm fehlt,
Der ja sowieso kaum zählt.
Pointer denkt, was kostet das,
Wenn sich jeder macht den Spaß
Und er ist bei jeder Delle
Beim Versorgungsamt zur Stelle.
Drittens, gleich ins Mikrofon,
Spricht er: „Antrag Gutensohn!
Diese raucht in langen Ketten
Täglich vierzig Zigaretten.
Auf dem Weg zum Automaten
Muss sie hustend länger warten,

Denn, erst wenn sie stille steht,
Stets ihr Wadenschmerz vergeht.
Also raucht sie ungehindert,
Bis sie endlich schwerbehindert."
Pointer hat die Nase voll,
Langsam steigert sich sein Groll,
Weil man dem, der selbst sich kränkt,
Noch als Dank die Steuern schenkt.
Wütend schreit er in die Muschel:
„Antrag für den Säufer Puschel!
Dieser kann in seinem Magen
Leider keinen Schnaps vertragen.
Außerdem sein Tatterich
Hindert ihn ganz fürchterlich.
Wer sieht schon beim Biereingießen
Gern den Stoff daneben fließen?"
Pointer flucht: „Nun reicht es aber,
Dieses Sozialgelaber.
Jeder nimmt für seinen Zweck
Sich ein Stückchen von dem Speck
Und ist häufig noch pikiert,
Wird Gesundheit ihm testiert.
Wär's nicht traurig, wär's zum Lachen,
Weil es aber alle machen,
Drum kriegt heut der arme Wurz
Von den Hilfen einen Furz."
Pointer fühlt ein leichtes Grausen
Und lässt seine Arbeit sausen.

Der tropfende Wasserhahn

Pointer abends noch diktiert,
Was am Tage so passiert.
Plötzlich hört er Wassertropfen
Irgendwo im Raume klopfen.
„Großer Gott! Welch ein Malheur!"
Jetzt muss schnell ein Eimer her,
Eh durch das getropfte Wasser
Wird der Boden nass und nasser.
Gleich ruft er den Notdienst an,
Doch so spät geht keiner dran.
Pointer muss sich drum bequemen,
Ständig Wasser wegzunehmen.
Anderntags, sobald er kann,
Ruft er seinen Klempner an.
„Lieber Pointer, grade heut'
Habe ich sehr wenig Zeit.
Ungefähr in zwei, drei Wochen
Kommt ein Mann, das ist versprochen."
Pointer stöhnt und ist empört,
Doch den Klempner das nicht stört.
Nach vier Wochen kommt der Mann
In der Mittagspause an.
Schon nach einem kurzen Blick
Ist er aus dem Raum zurück,
Weil zunächst er muss besorgen
Einen Fitting – „Tschüs bis Morgen!"
Wieder nach 'ner Wartefrist
Er erneut erschienen ist.
Kaum das Ding ist repariert,
Hört Doc Pointer schon frustriert,
Dass es leider nichts genützt,
Weil dort wieder Wasser schwitzt.

Doktor Pointer schnell entschlossen
Ruft den Nächsten der Genossen.
Dieser, das ist seine Masche,
Kommt sofort doch ohne Tasche.
„Dieser Hahn ist sehr marode
Und ja gar nicht mehr in Mode,
Diesohalb, statt reparieren,
Sollten wir ihn liquidieren."
Nach zwei weit'ren Monden dann
Ist der Neue endlich dran.
Wieder – es ist kaum zu glauben,
Tropft es aus den Eisenschrauben.
Pointer sucht nun mit System,
Wo am Hahn liegt das Problem.
Bald hat er herausgefunden,
Dass 'ne Dichtung ist verschwunden
Und den Schaden, was zu loben,
Hat er schleunigst selbst behoben.

Wär der Hahn ein Mensch gewesen,
Könnte morgen jeder lesen:
Deutsche Notfallmedizin
Wäre überall so schlimm.

Der Versicherungsbetrug

Pointer einstmals ungeniert
Über dies und das sinniert.
Hierbei denkt er: Es ist gut,
Dass man sich versichern tut.
Zwar im Fall, wenn nichts passiert,
Die Versich'rung nur kassiert,
Doch zum andern ist man froh,
Denn die hat das Risiko
Und sie trägt im Schadensfalle
Auch die ganzen Kosten alle.

Plötzlich mit Allotria
Steht vor ihm Frau Puchnia
Und empört sich: „Ihr Friseur
Sei ein krasser Amateur,
Diesoweil er ungeschickt
Ihr ins rechte Ohr gezwickt.
Für den Schaden im Gesicht
Wolle sie nun per Gericht
Für die Schmerzen und Beschwerden
Königlich entschädigt werden."
Pointer attestiert ihr jetzt,
Wie und wo sie ist verletzt.
Später dann – nach kurzer Zeit –
Kommt erneut sie reingeschneit
Und sie stöhnend ihm erzählt,
Wie sie sich ihr Knie geprellt,
Weil dort auf dem Trottoir
Eine kleine Kuhle war.
Doktor Pointer wundert sich,
Dass der Schmerz so fürchterlich

Und bemerkt: „Ja, ma cherie!
Da ist nichts an ihrem Knie."
Wütend giftet dies Filou,
Pointer sei 'ne blinde Kuh!
Kurz danach, was ihn sehr trifft
Kommt per Post die Klageschrift:
Wiesohalb er pflichtvergessen
Habe Puchnias Int'ressen
Nicht gewahrt? – Und außerdem
Wurd' der Schaden erst extrem,
Weil durch den Behandlungsfehler
(Siehe Schreiben Doktor Pähler)
Die Patientin Puchnia
Kriegte Gonarthrose gar.
Pointer kann es noch nicht fassen,
Was er sich muss sagen lassen.
Insbesondre vor Gericht
Hat sein Urteil kein Gewicht
Und drum muss er justamente
Aktenmäßig zahlen Rente.
Dazubei noch Schmerzensgeld
Sie von ihrer Stadt erhält,
Nur weil wieder ein Kollege
Gibt Testate allerwege.

Beim Versichern auf die Weise
Steigen diesohalb die Preise.
Fragt man dann: „Wie kommt denn das?"
Heißt es: „Wegen Puchnias!"
Oder: „Weil die Ärzte eben
Willig Falsi'kate geben!"

Das Duell

Pointer mittwochs fuhr allein
Mit dem Zug nach Köln am Rhein.
Im Abteil saß justament
Mit ihm auch ein Korpsstudent,
Der noch müde von der Nacht
Grade dort sein Schläfchen macht',
Wo der Platz hat frei zu sein
Für die Leut' mit grünem Schein.

Da plötzlich in der Tür erschien
Ein fettes, kleines Ungetüm
Und schwenkt mit drohender Gebärde
Den Schein der Sozialbehörde.
Dieweil der Dicke aufgeplustert
Den Schlafenden mit Abscheu mustert,
Stößt er ihn an: Dass er sich setze
Auf einen dieser freien Plätze.
Der Schläfer ist noch ganz verschreckt,
Weil er so unsanft aufgeweckt.
Da greift der Fette schon brutal
Dem Jüngeren ans Futteral
Und macht ihm sozusagen klar,
Dass dies sein Platz gewesen war.
Obschon des Dicken Augen blitzen,
Bleibt doch der Junge einfach sitzen.
„Sie können mich, so wie sie wollen!
Verschwinden sie mit ihren Bollen
Und setzen sich, wohin auch immer,
Jedoch auf diesen Sitzplatz nimmer!"
Worauf der Feiste wütend spricht:
„Es ist des Bürgers erste Pflicht,

Dass er den Platz macht schnellstens frei,
Wenn einer schwerbehindert sei.
Deswegen Mann, mit einem Satz,
Sie stehen auf und machen Platz!"
Noch immer bleibet unerschrocken
Der Junge auf dem Hintern hocken.
Drauf holt der Dicke – eins, zwei, drei –
Zur Hilfe sich die Polizei
Und fordert von ihr ungehalten,
Sie solle ihres Amtes walten!
Doch just zu diesem Zeitpunkt hier
Zückt auch der Junge sein Papier,
Denn er ist gleichfalls abgemindert
Und ebenfalls schon schwerbehindert.
Allhier dem Dicken schwillt der Kamm,
Dieweil er dort nicht sitzen kann.
So scheint ihm wertlos nun sein Schein
In diesem Kasus hier zu sein,
Deswegen muss er sich bequemen
Und jetzt den nächsten Wagen nehmen.

Mitbedingt durch Inflation
Kann es häufiger passieren,
Dass sich Menschen – oh, Pardon –
Selbst mit Scheinen duellieren.

Der Einkaufsbummel

Heutzutag ein Doktor hat
Großes Ansehn in der Stadt
Und ein jeder es genießt,
Wenn ein Arzt ihn freundlich grüßt.
Pointer will nun Samstagmorgen
Ausnahmsweise was besorgen,
Schon sieht er an allen Ecken
Leute ihre Köpfe recken.
Leider ohne die Kartei
Kennt der Doc kein Konterfei.
Drum, um niemand zu verletzen,
Muss er durch die Straßen hetzen
Und in allen Augenblicken
Grüßend mit dem Kopfe nicken.
Hierbei sieht er manches Mal,
Wie Erkennen wird zur Qual,
Denn Patienten, die vor Jahren
Mal in seiner Praxis waren,
Schleichen ohne Gruß vorbei,
Als wenn er der Teufel sei.
Andernfalls kommt garantiert
Einer grade anmarschiert,
Der ihm heute nicht partout
Stören soll die Samstagruh.
Diesohalb verschwindet er
In dem Laden für Verzehr.
Kauft er aus Verlegenheit
Dort jedoch 'ne Kleinigkeit,
Nehmen alle, weil's gesund,
Von dem bisschen gleich ein Pfund,
Denn was so ein Arzt verzehrt,
Selbstverständlich ist begehrt.

Plötzlich spricht von Weitem dann
Einer ihn von hinten an:
„Ach, Herr Doktor, ist das schön,
Sie mal anderswo zu sehn.
Ich wollt immer schon sie fragen,
Wiesohalb an manchen Tagen,
Häufig in der Abendschicht,
Es in meiner Brust so sticht?" –
„Guter Mann, ich würde gern
Suchen ihres Pudels Kern,
En passant und so publik
Scheint mir dieses nicht sehr schick.
Ich deshalb will das Problem
Montag in der Früh besehn."
Pointer irrt von Rat zu Rat
Und, obwohl er's eilig hat,
Schafft er in 'ner guten Stunde
Nicht die Hälfte seiner Runde.
Drum für ihn ein Einkaufsbummel
Schlimmer ist als Kirmesrummel,
Da gar mancher momentan
Guckt, was hat der Doktor an.
Kauft er was und kauft er nicht,
Ist selbst das schon von Gewicht.
Drum geht Pointer Samstagmorgen
Nie mehr etwas selbst besorgen,
Denn holt er sein Leibgericht,
Gibt es das für Wochen nicht,
Weil ja alle für den Magen
Woll'n dasselbe gleichfalls haben.
Pointer macht drum aus Passion
Alles jetzt per Telefon.
So nur kriegt er für sein Geld,
Was ihm insgeheim gefällt,

Weil kein Mensch dann mehr erkennt,
Was dem Doktor gut bekömmt.

Der Listenmuffel

Pointer freut sich „kolossal",
Wenn er pünktlich zum Quartal
Findet zwischen den Papieren
Neue Listen zum Studieren.
Da nun Ärzte – notabene –
Ungern lesen solche Pläne,
Guckt auch Pointer nur mal schnelle
In die AOK-Tabelle.
Leider steht da weiß auf schwatt,
Wen er eingewiesen hat,
Wem er Mittel hat geschenkt,
Wen zur AUF gedrängt
Und die Summe pro Patient
Dick, kursiv gedruckt am End'.
Pointer weiß bald schweißgebadet,
So was nur der Laune schadet,
Diesohalb als Pflichtlektüre
Nimmt er die KV-Broschüre
Und empört sich: „Kerl, o Kiste,
Gelbe, rote, grüne Liste!
Ferner all die vielen Seiten
Wegen der Befindlichkeiten,
Dann ja noch für Hilfen, Pflege,
Bücher über Festbeträge!
Außerdem selbst zum Kassieren
Dicke Schwarten für Gebühren.

Erstens die der RVO,
Für die EGO ebenso
Und natürlich KVB
Postbeamten, GOÄ."
Jetzt dann wieder rot, o Graus!
(Gehen schon die Farben aus?)
Als die neuste Offensive
Listen für das Negative
Und selbstredend, ohne Frage,
Alles stets mit Neuauflage.
Pointer flucht: „Verflixte Clique!
Ich hab' eure Listen dicke.
Lasst doch dieses Trauerspiel!
Was zu viel ist, ist zu viel!"
Hiernach richtig aufgedreht
Zornig er zum Himmel fleht:
„Herr! Wenn Du willst, dass wir Heilen,
Schütz uns wenigstens zuweilen,
Erstens vor den Advokaten
Wie per se den Bürokraten!
Lass uns bitte immerhin
Noch ein bisschen Medizin!

Die Beschwerde

Doktor Pointer ist verbittert,
Seine Hand noch wütend zittert.
Nochmals liest er die Beschwerde
An die Sozialbehörde.
Meine Herren, stand da glatt,
Weil ich keinen Antrag hatt',
Bracht ich formlos Din-A 4
Dies stattdessen zu Papier:
Mein Patient, Herr Vogelsang,
Plötzlich wurde sterbenskrank
Und er wünschte – ungehindert –
Einmal Parken „Für behindert".
Da mir fehlt' ein Formular,
Stellte ich die Krankheit dar:
Unter „A", wie vorgegeben,
Schrieb ich seinen Zustand eben,
Dann bei „B" hab' ich erzählt,
Wie und wo und was ihm fehlt'.
Diagnosen ganz zuletzt
Wurden unter „C" gesetzt.
Weil gewöhnlich so was dauert
Und auch mal im Amt versauert,
Diesowegen fuhr ich fort,
Cito, dringend und sofort!"

Nach fünf Monden, gottverdammt,
Kam mein Brief zurück vom Amt.
Kaum hab ich ihn richtig offen,
Wurd ich fast vom Schlag getroffen,
Denn der Brief, so wie er war,
Steckte drin mit Formular.

Drunter hatte man geschrieben,
Dass man, wie's gehört ihr Lieben,
Sollte ohne groß zu Klagen
Hierin alles übertragen.
Zweitens bitte unterstreichen,
Dann erst käm' das Aktenzeichen,
Jetzt mit Zeichen, nun verbindlich,
Gälte dieser Brief als dringlich.
Pointer, ob schon tief verletzt,
Hat, wie folgt, ihn fortgesetzt:
Meine Herren Bürokraten!
Findet sich in ihren Daten
Zwischendrin in den Papieren
Nirgendwo ein menschlich Rühren
Oder ist das schon zu viel,
So ein bisschen Zartgefühl?
Jetzo ohne Kommentar
Hier zurück ihr Formular,
Denn inzwischen, lieber Gott,
Ist der Antragsteller tot.

Arzthelferin gesucht!

Pointer seine Fäuste ballt
Und er flucht: „So ist das halt,
Wenn du meinst das Chaos wär,
Größer ging es nun nicht mehr,
Kommt's mit Sicherheit fast immer
Gleich danach noch weitaus schlimmer."
Jetzt der Doktor ist geschafft,
Weil ihm seine erste Kraft
Eben sagte nebenbei,
Dass sie wieder schwanger sei.
In den nächsten Tagen drum
Sieht sich Pointer emsig um,
Alldieweil er möglichst schnelle
Neu besetzen muss die Stelle.
Jetzo kriegt er gleich vom Amt
Frauenzimmer zugesandt,
Deren jede, wie es heißt,
Sich um diese Arbeit reißt.
Nummer eins ist ungelogen
Picobello angezogen,
Allerdings wird's beim Gehalt
Äußerst schwierig alsobald,
Denn mit Stütz' und Kindergeld
Reichlich Euro sie erhält
Und sie wünscht, dass das Salär
Netto schwarz wär deutlich mehr.
Nummer zwei hat wirklich Dusel,
Stinkt jedoch bereits nach Fusel.
Nummer drei nach viel Gelaber
Über alles Wenn und Aber,
Fragt am Ende wirklich nett,
Was man gegen Nachwuchs hätt'?

Insgesamt scheint Nummer vier
Tauglich für die Stelle hier.
Sie deshalb kommt – Gott gelobe! –
Auch am nächsten Tag zur Probe.
Als dann, scheinbar wie bestellt,
Ihr was vor die Füße fällt,
Bittet Pointer ohne Tücken:
„Können sie sich einmal bücken,
Um vom Boden hier mal eben
Dieses Etwas aufzuheben."
Da davon sie gar nichts hält,
Wird sie auch nicht eingestellt.
Nummer fünf kann ganz konkret
Kaum das deutsche Alphabet
Und die nächste muss am Morgen
Erst ihr Baby noch versorgen.
Doch dann käme sie geschwind
Gleich zur Arbeit mit dem Kind.
Sieben meldet hocherfreut,
Dass sie jede Arbeit scheut.
Ohne Worte reicht sie ihm
Alsogleich ein Schriftstück hin
Und erklärt: „Zur Unterschrift
Bitte nehmen sie den Stift
Und bestätigen sie da,
Dass ich in der Praxis war."
Acht ist schon vom Zeugnis her
Mittelmaß und weniger.
Endlich scheint dann Nummer neun
Passend für den Job zu sein.
Doch am ersten Tag: o Schreck!
Bleibt sie von der Arbeit weg.
Pointer denkt sich: Ist ja toll!
Und, weil er die Schnauze voll,

Sucht ab jetzt er ganz privat
Mittels Zeitungsinserat.
Das Ergebnis ist wie üblich
Miserabel und betrüblich,
Denn die zehnte dergestalt
Ist für Arbeit viel zu alt
Und die Letzte – welcher Hohn –
Fordert gleich bei vollem Lohn,
Dass sie in der Praxis gerne
Erst mal den Beruf erlerne.

Pointer flucht: „Verdammte Chose!
Jeder meint, dass Arbeitslose
Suchen dringend hier im Land
Arbeitsstellen, die vakant.
Doch wie die Erfahrung lehrt,
Scheinen Jobs nicht sehr begehrt,
Weil, und das ist das Problem,
Unser Sozialsystem
Zahlt im Regelfalle auch
Selbst bei Faulheit und Missbrauch.
Hierdurch fehlt bei allzu vielen
Im Detail der Arbeitswillen
Und gar mancher sagt sich drum:
Mach dir nicht den Rücken krumm,
Denn das Geld gibt's sowieso
Ohne Arbeit Ultimo.
Falls dann wirklich – papperl'app –
In der Kasse wird's mal knapp,
Holt sich jeder sicher doch
Geld durch Schwarzarbeiten noch.“
Pointer packt die blanke Wut:
Denn wer seine Arbeit tut
Und sein Brot verdiente sauer,
Gilt hier als der dümmste Bauer.

Leider oder Gott sei Dank
Geht das aber nur so lang,
Bis der liebe Wohlfahrtsstaat
Nichts mehr zu verteilen hat.
Dann, so glaub ich, wird es böse,
Weil die Masse macht Getöse
Und ich fürchte dergestalt,
Dass es hin und wieder knallt.

Der frustrierte Doktor

Doktor Pointer ist frustriert
Über das, was so passiert.
Niemals hielt er es für möglich,
Dass das Arztsein würde kläglich
Durch die vielen Forderungen,
Die man ihm hat abgerungen.
Die Massagen im Quartal,
Wenn sie auch zum zigsten Mal,
All die Tropfen und Tabletten,
Die die meisten gerne hätten,
Von dem Mieder bis zu Strümpfen
Lässt ihn kaum die Nase rümpfen.
Selbst Gymnastik, wie das Reiten,
Sind doch alles Kleinigkeiten.
Mit 'nem leichtem Schulterzucken
Schreibt er ohne hinzugucken.
Dass man aber Badewannen
Und zum Tee dazu die Kannen
Wie den Urlaub ungeniert
Durch die Kasse finanziert,

Findet er bemerkenswert
Und ist drob auch sehr empört.
Glaubt er dann, dass auch die Kasse
Solches als frivol auffasse,
Liegt er, wie die Regel lehrt,
Mit der Meinung ganz verkehrt.
Wenn Patienten sich beschweren,
Ist von dorten nur zu hören:
Alles, was gehört zum Leben,
Muss der Doktor ihnen geben
Und was der Gesundheit nützt,
Wird von uns auch unterstützt.
Draus dreht man ihm einen Strick,
Denn der Mensch kommt gleich zurück.
Gibt er gegen sein Gewissen
Nach, so fühlt er sich beschissen.
Lässt er's aber jetzt noch bleiben,
Jeden Wisch zu unterschreiben,
Rennen die Patienten weg
Und er sitzt allein im Dreck.

Vor den Feiertagen

„Herr Gott, sakra! Kruzitücke!"
Pointer hat die Faxen dicke,
Denn kurz vor den Feiertagen
Platzt ihm jedes Mal der Kragen:
Weil gar viele mit Verlaub,
So es geht in Skiurlaub,
Meinen, dass es besser wär',
Wenn die Oma stationär.
Andre gar nicht zimperlich
Wünschen sich – (Gedankenstrich)
Für sofort sowie in spe
Zig Prozent als MdE,
Um so fit und unbesehen
Bald in Ruhestand zu gehen.
Niklas Pointer soll nur eben
Per Attest sein Plazet geben.
Manche wieder, das ist neu,
Schicken weiland ohne Scheu,
Möglichst noch auf Kassenkosten,
Ihre Pillen in den Osten.
Doch da Pointer, gar nicht dumm,
Ständig prüft auch den Konsum,
Wird so manche Rezeptur
Nun ein Opfer der Zensur.
Außerdem plant weit und breit
Jeder jetzt die Urlaubszeit
Und da gilt es, um zu sparen,
Kur und Urlaub gleich zu paaren.
Andrerseits sind Feiertage
Exzellent doch ohne Frage,
Alldieweil, wer krankgeschrieben,
Kann den Urlaub doppelt kriegen.

Pointer denkt: Wie kommt das nur?
Keiner spart heut mehr à jour.
Trotzdem tuen gar nicht selten
Alle nur die Ärzte schelten.
Künftig müssen sich die Kassen
Wie ein jeder fragen lassen,
Könnte man nicht sparen auch
Bei Verwaltung und Verbrauch?
Wiesohalb gibt es zudem
Noch das Krankenhausproblem
Und wer zwingt die Industrie
Endlich preislich in die Knie?
Leider, so ist die Natur,
Geht heut' wenig pour l'amour.
Aber statt dass sozusagen
Alle sich die Köpf' einschlagen,
Sollte man geflissentlich
Hinterfragen öffentlich:
Wer hat denn seit eh und jetze
Erst geschaffen die Gesetze?
Pointer flucht: „Verflixt noch einer!
Merket hier die Absicht keiner,
Denn verdammt und zugenäht,
Wenn das stets so weitergeht,
Haben wir ganz sicher halt
Eine Einheitskasse bald.
Überdies hat dann – jawoll –
Mancher Arzt die Schnauze voll!"

Die Spendenaktion

Pointer immer schon missfällt,
Wie viel Kinder auf der Welt
Ohne Liebe vegetieren
Und im Elend fast krepieren.
Diesohalb hofft er durch Spenden,
Diesen Zustand zu beenden.
So bemüht er sich die Reichen
Für die Armut zu erweichen.
Doch vergeblich ist die Müh',
Jeder hat ein Alibi.
Einer lebt nur auf Kredit,
Andre haben's Geld nicht mit,
Dieser hört schlecht auf dem Ohr
Und er öffnet nicht sein Tor.
Jener spricht: „So ist's nun mal,
Nach der Freude kommt die Qual."
Für den fünften endlich zählt:
„Wer's verdient, der hat auch Geld!
Außerdem durch Spenden eben
Wird es noch mehr Kinder geben."
Pointer flucht: „Nur weiter so!
Hoffentlich bleibt – comme il faut –,
Euch das Geld bis zum Verrecken
In den eignen Hälsen stecken!"
Durch die Pleite vorgewarnt,
Pointer jetzt ein Büchlein plant,
Denn er glaubt, dass das Salär
Gut für Spendenzwecke wär.
Leider, weil es amüsant,
Geht das Buch von Hand zu Hand.
Nur, es ist zum Haare raufen,
Tut es keiner selber kaufen

Und so ist der Reinerlös
Äußerst mies und skandalös.
Pointer hierdurch irritiert,
Trotzdem es noch mal probiert.
Nun versucht er, ob die „Armen"
Zeigen wenigstens Erbarmen
Und stellt fest, wenn es auch wenig,
Doch im Geben sind sie König.

Denn leider ist ja das Malheur,
Wer wenig hat, gibt leichter her.
Wer viel besitzt, kennt keine Not
Und teilt nur ungern noch sein Brot.

Wieso, von wat?

Pointer findet unerhört,
Dass sich Hinz und Kunz beschwert
Über die Beamtenklasse
In Bezug auf Fleiß und Masse,
Denn es weiß seit Salomo
Jeder kleine Gigolo,
Dass vor allem steter Fleiß
Fördert den Organverschleiß.
Ja im Grunde ist doch klar,
Wenn man selber den Katarrh
Nur drei Tage kann kurieren,
Muss das ja zu Krankheit führen.
Drittens tut das viele Sitzen
Keinesfalls dem Rückgrat nützen
Und kommt dann infolgedess'
Zu dem Ärger noch der Stress

Oder auch nur Müßiggang,
Wird der Mensch halt häufig krank.
Drum muss der, der quali'ziert,
Intensiv in Bücher stiert,
Notgedrungen vor den Jahren
Häufig auch zu Kuren fahren.
Hierdurch aber für sein Heil
Kriegt er oft das Gegenteil,
Weil man sich, was ja passiert,
Grade dort erst „infiziert"
Und zudem sehr schnell begreift,
Wo es Renten fördernd kneift.
Diesohalb scheint es an sich
Gar nicht sehr verwunderlich,
Dass bereits vor sechzig schon
Jeder zweite kriegt Pension.
Pointer staunt: „Wieso, von wat,
Herr im Himmel kommt denn dat?"
Erstens haben – just vom Bücken –
Oft Beamte Golferrücken,
Andre auch, wie Professoren,
Leiden unter Surferohren.
Drittens ist natürlich Drängen
Am Buffet bei den Empfängen
Schädlich fast in jedem Falle
Wie beschwerlich für die Galle.
Viertens, da – berufsbedingt –
Mancher scharfe Sachen trinkt,
Haben zehn Prozent zudem
Mit der Leber ein Problem,
Und der Rest hat ungelogen
Einen Tennisellenbogen.

Pointer denkt sich: Mensch, was soll's,
Holz ist eben nicht gleich Holz.
Deshalb zieh' ich auch nicht mehr
Über die Beamten her,
Denn die Leut' sind in der Tat
Durch die Reihe sehr malad.

Der Pillenstreit

Schon als Eva lobesam
Den bewussten Apfel nahm,
War ihr selbstverständlich klar,
Weil es ja verboten war,
Dass der Herr sich ebendies
Ungestraft nicht bieten ließ.
Trotzdem war sie ganz perplex,
Als sie nach dem nächsten Sex
Plötzlich hatte ohne Frage
Ganz allein die ersten Tage.
Uns mag dieses, will ich meinen,
Auch sehr ungerecht erscheinen,
Weil ja Adam, wie wir wissen,
Ebenfalls hat reingebissen.
Ihm jedoch wurd' immerhin
Unter Männern schnell verzieh'n.
Nur die Frauen im Prinzip
Büßen noch für Evas Tipp.
Diesohalb galt vor der Pille
Diesbezüglich Gottes Wille
Und es blutete genau
Bis zur Klimax jede Frau.

Heute aber im Moment
Liegt die Pille so im Trend,
Dass selbst Oma garantiert
Noch als Greisin menstruiert.
Da die Regel schon an sich
Vielen Frauen hinderlich
Und Hormone sowieso
Manches Mal ein Risiko,
Prüft Doc Pointer stets à jour
Jede Pillenrezeptur.
Da nun aber generell
Heilkunst individuell,
Streicht er einfach rigoros
Alles weg, was dubios.
So z.B. als Oma Franz
Klagt in seiner Ambulanz:
Ihre Lust sei morgens früh
Ständig schon à fond perdu.
Stellt der Doc nach Anamnese
(Kassenärztlich) – Parenthese –
Mittels Blut und Stethoskop
Franzen erst mal auf den Kopp.
Bei ihr zeigt sich auf die Weisen
Reduziertes Serumeisen,
Weil sie, wie ja zu vermuten,
Monatlich hat Regelbluten.
Da zudem auch absolut
Ihre Knochendichte gut,
Setzt drum Pointer – papperlapp –
Hier zunächst die Pille ab.
Anderntags gibt's mächtig Krach
Mit dem Arzt vom Frauenfach:
„Pointer! Was sie sich erdreisten?
Bleiben sie bei ihren Leisten,

Denn sie wissen nicht die Bohne
Über Frauen und Hormone!
Jede Studie, doppelt blind,
Zeigt wie wichtig Pillen sind
Und so'n kleiner Aderlass
Macht im Regelfall doch Spaß!"
Pointer hat, so ist er halt,
Gleich den Hörer aufgeknallt.

Dreißig Tage später dann
Ruft die Franzen Pointer an:
„Doktor, endlich bin ich heut
Von dem Tüddelkram befreit
Und ich fühl mich jecker, jeck,
Seit die Periode weg.
Zweitens hab' ich wiederum
Alte Lust und frischen Mumm.
Außerdem bin – apropos –
Ich auch drittens wieder froh,
Dass ganz ohne Nulldiät
Mein Gewicht nach unten geht."

„Siehste!", sagt sich Pointer leise,
„Jeder heilt auf seine Weise.
Ja, bereits Hippokrates
Allen Griechen lehrte es,
Dass wer heilt, ob Arzt, ob Knecht
A priori hat auch Recht.
Ferner gilt bei meiner Ehre
Immer noch das nil nocere!"

Das Wundermittel

Doktor Pointer ist verzweifelt,
Wieder ist ein Fall verteufelt.
Sein Patient der Amtsrat Nolte
Kann nicht mehr, wie er doch sollte.
Fühlt am Morgen sich schon schlapp,
Kommt bei Tag nicht mehr auf Trab.
Qualvoll müht er sich beim Bücken,
Weil es ständig zieht im Rücken.
Schmerz wird schnell zur Nervensäge
Und dadurch der Geist auch träge.
Jetzo soll der weiße Kittel
Heilen mittels Wundermittel.
Das soll alles dann enthalten,
Was fürs Hirn und für die Falten,
Außerdem noch Albumine,
Dass das Outfit jung erschiene,
Hierzu Anabolika,
Weil sonst bald die Muskeln rar.
Ferner Zellen frisch vom Eber
Mit Extrakten aus der Leber.
Endlich für den Rest der Haare
Keinesfalls man Eisen spare
Und als Sahne zum Dessert
Muss auch etwas Thymus her.
Obendrauf dann Vitamine,
Bald geht's wieder sine sine.

Pointer weiß: Die Rezeptur
Ist für stärkste Männer nur,
Doch bei Schwachen angewandt
Kann passieren allerhand.

Drum gibt er jetzt, ohne Witze,
Ein Placebo statt 'ner Spritze.
Dieser hiernach sozusagen
Fühlt sich wie in jungen Tagen,
Denn schon immer, so auch jetzt,
Glaube Berge hat versetzt.

Der „Praxisgeist"

Jede Praxis, wie es heißt,
Hat auch einen „guten Geist"
Und bei Pointers ins Klischee
Passt die Wolff seit eh und je.
Kaum wird morgens aufgeschlossen,
Kommt sie schon hereingeschossen.
„Frollein!", ruft sie ohne Gruß,
„Ich sogleich zum Doktor muss!"
„Augenblick! Gemach, gemach!
Alles schön der Reihe nach."
Es ist noch nicht ausgesprochen,
Fängt Frau Wolff schon an zu kochen.
„Ich steh hier, wo gibt es das,
Seit zwei Stunden nicht zum Spaß
Vor der Praxistür im Regen,
Alles Doktor Pointers wegen!" –
„Gute Frau! Wer zwingt sie denn,
Hier so früh herumzustehn?
Man kommt auch ins Kaufhaus nicht,
Wenn dort noch die Schotten dicht.
Außerdem bitt' ich die Klagen,
Selbst dem Doktor vorzutragen." –

„Ich steh' nicht vor zuen Türen,
Um mit euch zu debattieren.
Hol'n sie jetzt die Karte raus,
Weil ich dringend muss nach Haus
Und, bevor sie es vergessen,
Könn'se mir den Blutdruck messen?"
Da bei Wolff wie jedes Mal
Fehlt der Schein in dem Quartal,
Geht es leider nicht sehr schnelle,
Bis die Karte ist zur Stelle.
„Frollein! Wenn sie da schon stehn,
Können sie auch gleich mal sehn,
Was das sind für bittre Tropfen,
Die mir meinen Stuhl verstopfen?"
So geschieht's, dass morgens früh
Rasch die Laune geht perdu.
„Hier steht zwar so allerlei,
Doch sind Tropfen nicht dabei."
Kaum liegt alles auf dem Haufen,
Kommt die Wolff erneut gelaufen.
„Während ich hier wieder warte,
Schaun sie mal in meine Karte,
Ob bereits in diesem Jahr
Ich beim ‚Gyno'logen' war."
Diesem Wunsch wird nachgegeben,
So ist halt das Praxisleben.
Alles wird, das muss ja sein,
Auch erledigt ohne Schein.
Als die Karte wieder liegt,
Sich Frau Wolff noch mal bemüht.
„Ich brauch unbedingt die Pillen
Gegen meinen Widerwillen,
Pointer hat sie einst verschrieben,
Als die Tage ausgeblieben."

Jetzt dem Fräulein wird es flau,
Trotzdem lacht sie: „Gnäd'ge Frau,
Hilfreich wär es und ganz nett,
Wenn ich nur den Namen hätt'." –
„Hab vergessen, wie die heißen,
Doch es sind die kleinen Weißen."
Leis das Fräulein für sich flucht,
Während sie dort sucht und sucht,
Denn sie weiß, dass tausend Pillen
Die Beschreibung hier erfüllen.

Leider kann es so geschehen,
Wenn du musst zum Doktor gehen,
Dass die Mienen am Empfang
Sind bereits am Morgen lang,
Denk daran, denn allermeist
War hier grad der „Praxisgeist".

Die Zweiklassenmedizin

Pointers Tante Henriett'
War malad von A bis Zett
Und nach einem Schlaganfall
Dauerhaft ein Pflegefall.
Als nun Pointer sie besah
War ihm augenblicklich klar,
Dass sie ohne Pflegekraft
Nie mehr ihren Haushalt schafft.
Diesohalb hat er gezielt
Einen Antrag ausgefüllt
Und beantragt dazubei
Gleich die Pflegestufe drei.

Nach sechs Monden irgendwann
Kam ein Doktor endlich dann,
Um zu prüfen messerscharf
Pflegemäßig den Bedarf.
Prima vista, ungelogen,
Quasi via Fragebogen
Meint der, dass bei Henriette
Es die Stufe eins auch täte,
Alldieweil fürs pure Liegen
Keine Zeit würd' gutgeschrieben,
Denn sie spare insoweit
Ja die An- und Ausziehzeit.
Pointer ist doch sehr empört,
Als er dieses Urteil hört
Und er fragt sich alsogleich:
Komisch, dass die Witwe Reich,
Die, verdammt und zugenäht,
Noch allein zum Markte geht,
Ohne Grund hat nebenbei
Pflegeaufwand Stufe drei?
Geld denkt er, das kann nicht sein,
Deren Rente ist zu klein.
Plötzlich flucht er impulsiv:
„Pointer! Mensch bist du naiv!
Diese Reich ist, Herrgott nee,
Mitglied bei der SPD
Und die hat ja, das ist Spitze,
Hier im Stadtrat alle Sitze."
Gleich erhebt er hocherfreut
Einspruch gegen den Bescheid
Und er rät der lieben Tante,
Die die SPD nicht kannte:
„Werde Mitglied der Partei,
Prompt gibt's Pflegestufe drei."

Pointer ist noch ganz verzagt,
Weil ihn sein Gewissen plagt,
Da schrillt plötzlich asynchron
Auf dem Tisch sein Telefon.
„Pointer", klagte Henriette,
Dass sie's an den Zähnen hätte.
Pointer jetzo ruft sofort
Die Kollegen an am Ort.
Doch bei Kassen, Gott zum Fluche,
Macht kein Zahnarzt Hausbesuche.
Kaum erwähnt er, dass privat
Sie 'ne Zusatzkasse hat,
Schwupp di wupp, du liebe Zeit,
Sind sie alle gleich bereit.
Schon des Mittags am Termin
Muss der Arzt ihr Zähne ziehn,
Hierbei murmelt er: „Oh Gott,
Ihr Gebiss ist wahrlich Schrott!
Ich zieh besser, ohne Witze,
Alle mit Betäubungsspritze
Und dann mach ich mit Rabatt
Comme il faut ein Implantat."
Gesagt, getan nach manchem Test
Sind die Neuen leidlich fest.

Doktor Pointer selbst erschrickt,
Als er auf die Rechnung blickt,
Steht doch da, ihn trifft der Schlag:
Einundzwanzigtausend Mark.
Leider ist nun trotz und dem
Die Prothese ein Problem,
Sintemal bei jedem Mahl
Henriette schmeckt Metall
Und beim Beißen wackelt schnell
Außerdem das Zahngestell.

Diesowegen fällt die Tante
Vom Gewichte en passante
Und so starb bald, sapperlot,
Henriett' den Hungertod.
Jetzt liegt sie, was traurig is',
Unterm Torf mit *dem* Gebiss.

Leider, es ist eine Schande,
Fühlt und lebt sich's hier im Lande
Immer ganz besonders gut,
Wenn man wen bescheißen tut.
Den Gedanken, dass der Staat
Nur gemeinsam Zukunft hat,
Halten viele, weil an sich
Jeder denkt ans eigne Ich,
Eh für falsch und nebenbei
Für meschugge Narretei.
Da nun aber alle Welt
Sich genauso blöd verhält,
Geht der Staat aus diesem Grunde
Ganz gewiss mal vor die Hunde.

Mediziners Klage

Doktor Pointer – stressgeplagt –
Grübelnd oft sich selber fragt:
Warum ist Arztsein hierzulande
Als Metier fast eine Schande?
Erstens hat die Presse hier
Mediziner im Visier,
Weil die ärztliche Natur
Vielen ethisch ist obskur.
Ferner spielt in Sonderheit
Eine Rolle auch der Neid.
Drittens braucht die Politik
Bald zwar einen Ärzteknick.
Doch solange diese Schwemme
Bringt nur Ärzte in die Klemme,
Lässt man eiskalt die Doktoren
Selbst in ihrem Safte schmoren.
Insgesamt ist absolut
Langes Leben auch ganz gut,
Doch wenn alle trotz Beschwerden
Ständig auch noch älter werden,
Wird das von der Rentenseite
Finanziell 'ne Riesenpleite.
Kommt dazu noch langes Leiden
Ist das ebenfalls bescheiden,
Denn das Kranksein, wie auch Greise
Schädigen auf gleiche Weise.
Kassentechnisch allemal
Wär es eher ideal,
Wenn der Mensch sich kurz vor Rente
Ohne Zwang vom Leben trennte.
Da nun Ärzte sich bemühen,
Jedes Leben lang zu ziehen,

Gibt's natürlich mit Hauruck!
Ganz enormen Kostendruck.
Doch auch Fortschritt, sonst famos,
Ist für Kassen dubios,
Weil ein Arzt zu diesem Zwecke
Gelder in Geräte stecke,
Um damit, so Kassenleute,
Zu verdoppeln seine Beute.
Grad deshalb aus dieser Sicht
Mag man Mediziner nicht
Und wir sind daran gewöhnt,
Dass man uns en gros verpönt.
Doch es lässt uns allsobald
Selbst die gröbste Schelte kalt,
Wenn wir immer könnten bauen:
Auf Patienten mit Vertrauen.

Die endoskopische Dublette

Pointer ist noch ganz frustriert,
Was gerade ihm passiert.
Eben wollt er Herr von Hagen
Spiegeln seinen kranken Magen
Und gab ihm, weil er das wollte,
Etwas das ihn dämpfen sollte.
Die Skopie ging ruck und zuck
Ohne Zeit und Kostendruck.
Doch zum Schluss, man glaubt es nicht,
Wacht Herr Hagen auf und spricht:
„Lieber Doc, ich bitte sie,
Wann beginnt denn die Skopie?"
Pointer gleich: „So wie sie sehen,
Ist der Eingriff schon geschehen."

Herr von Hagen ruft empört:
„Pointer, das ist unerhört.
Sie ham nie, ist ja gelacht,
'Ne Skopie bei mir gemacht!
Jetzo keine Widerrede,
Fange an, gleich stante pede!"
Pointer grübelt ganz verzagt,
Wart ich bis der mich verklagt
Oder mach ich hier im Fall
Die Skopie ein zweites Mal?
Da der Mann ganz neunmalklug
Murmelt etwas von Betrug,
Muss Doc Pointer sich bequemen
Sein Gerät erneut zu nehmen.
Allerdings er so skopiert,
Dass Herr Hagen garantiert
Diesen Eingriff, wie er ist,
Lebenslang nicht mehr vergisst.

Die mangelnde Aufklärung

Pointer macht sich große Sorgen,
Denn er will schon Übermorgen
Mit Familie, ach herrjeh,
In den Urlaub an die See.
Leider hat er, das ist Fakt,
Im Moment noch nicht gepackt
Und es fehlt im insoweit
Hierfür bisher auch die Zeit.
Plötzlich ist am Telefon
Der Kollege Anderson:
„Doc, man hat mit mir gesprochen,
Dass du ausgebucht seit Wochen,
Doch ich brauch, wie soll ich's sagen,
Eine Spieglung für den Magen
Und das dringlich irgendwie
Spätestens bis morgen früh."
„Das, mein Lieber, gar nicht geht.
Dafür ist's bereits zu spät,
Denn ich muss ja immerhin
Einen Tag vor dem Termin
Alle intensiv belehren,
Um sie richtig aufzuklären."
„Drauf", sprach Doktor Anderson:
„Können wir verzichten schon,
Alldieweil du diesen Fall
Spiegelst nicht zum ersten Mal."
„Also gut, ich werd' um sieben
Diesen Fall dazwischenschieben."

Die Skopie war kein Problem
Und für beide angenehm,
Doch der Doc fand dergestalten
Ein Geschwür auf Magenfalten

Und er warnt' in Wort und Schrift:
„Rheumamittel sind jetzt Gift!"

Leider kam bald die Geschichte,
Wie so oft vor die Gerichte,
Denn der Mann kam mit akuten
Schmerzen und auch Magenbluten
Mit Tatütata, oh Herr!
Notfallmäßig stationär.
Beim Prozess wurd dann bekannt,
Dass Müsjöh, was allerhand,
Hatte, was ihm schlecht bekommen,
Rheumamittel eingenommen
Und so hat er garantiert
Selbst die Blutung provoziert.
Pointer konnte das nicht schützen,
Wie vor allem auch nichts nützen,
Denn im Urteil hieß es glatt,
Er allein verloren hat,
Alldieweil er, wie gehört,
Hat nicht richtig aufgeklärt.

Doktor Pointer hat seitdem
Mit Gerichten ein Problem
Und es führen ohne Frage
Heute alle Ärzte Klage,
Weil allmählich durchgesickert:
Nur wer richtig ist versichert,
Kann verklagen Pipapo
Ärzte ohne Risiko.
Denn man braucht nicht auf die Weisen,
Ärzten Fehler nachzuweisen,
Oftmals reicht es in der Tat,
Dass man nichts verstanden hat.

Die ungerechte Entlassung

Pointer kriegt seit Jahren schon
Manchmal eine Depression,
Weil ihn immer noch tut nerven
Der Vorfall mit den Blutkonserven:
Einst saß Pointer, spät wie immer,
Noch in seinem Arbeitszimmer
Und er prüfte in der Tat,
Ob er reichlich Spender hat,
Dass dann das Konservenblut
Auch im Notfall reichen tut.
Plötzlich stört mit lautem Ton
Neben ihm das Telefon.
„Hier ist Schwester Evelyn,
Auf Befehl vom Chef der Gyn
Brauchen wir jetzt auf der Stelle
Vier Konserven aber schnelle!"
Pointer, der und das war klar
Oberarzt im Hause war,
Wusste gleich und instinktiv,
Dort im Kreißsaal läuft was schief.
Drum eilt er im Handumdrehen
Sich den Notfall anzusehen.
Als er sieht, wie's garantiert
Nach Geburten oft passiert,
Dass das Blut, was gar nicht geht,
Ständig läuft und nicht mehr steht,
Schreit der Chefarzt voller Wut:
„Wo bleibt das Konservenblut?"
Doc Pointer sucht ihm zu erklären:
„Konserven fehl am Platze wären,
Denn hier im Falle sozusagen....."
„Herr Pointer! Ich werd sie verklagen

159

Und sprech deswegen dergestalt
Mit meinen Freund dem Staatsanwalt,
Wenn ich nicht kriege, jetzt ist's gut,
Gleich vier Konserven frisches Blut!"

Jetzt bei Pointer ebenfalls
Steigt die Wut fast bis zum Hals:
„Blut zu geben, Chefarzt Seeler,
Ist hier ein Behandlungsfehler,
Drum lasst mich nach meinem Willen
Endlich diese Blutung stillen."
Drauf lässt er gleich, ohne Streiten,
Infusionen vorbereiten,
Die enthalten immerhin
Hohe Dosen Heparin.
Chefarzt Seeler mit Gewalt
Will das stoppen und schreit: „Halt!"
Weil er meint die Blutverdünnung
Würd' verhindern die Gerinnung.
Pointer lässt sich von dem Irren
Nicht im Mindesten verwirren
Und kaum läuft die Infusion,
Steht sofort die Blutung schon.

Pointer hat bald unterdessen
Dies Ereignis fast vergessen,
Da wird er, noch nie passiert,
Vors Kollegium zitiert:
„Chefarzt Seeler", dort er hört,
„Hat sich über sie beschwert,
Weil im Notfall, unerhört,
Sie Konserven ihm verwehrt,
Außerdem kam's insoweit
Fast dabei zur Tätlichkeit.

Leider", Pointer kann's nicht fassen,
„Müssen wir sie drum entlassen".

Vor allem in der Medizin
Herrscht Hierarchie und Disziplin,
Drum hat zunächst und das ist schlecht,
Ein jeder Chefarzt erstmal recht
Und alle andern Ärzte wagen
In Krankenhäusern nichts zu sagen.
Das sollte möglichst schnell sich ändern,
Damit, wie auch in andern Ländern,
Man endlich hier als Ärzteteam
Betreibt moderne Medizin.

Die verzwickte Diagnose

Pointer hatt', was ist das schon,
An der Stirn ein Basaliom.
Lege Artis ließ er schnell,
Dies entfernen mit Skalpell.
Kurz danach ging ab die Post,
Denn er kriegte Schüttelfrost
Und er hatte immer wieder
Anfallsweise hohes Fieber.
Pointer fragt sich konsterniert,
Haben die mich infiziert?
Diesohalb, obwohl sehr schlapp,
Schleppte er sich zum Check up.
Leider wurd' dort, quelle malheur,
Nichts gefunden vom Dokteur.
Trotzdem kriegt er ebenda
Chemotherapeutika.

Als nach Tagen plötzlich dann
Fängt zudem der Kopfschmerz an,
Fährt Frau Doc, ich sag es ihnen,
Gleich mit ihm zur Neuro Lünen,
Denn sie meint, dass – sapperlot –
Eine Meningitis droht.
Dort sitzt Pointer ganz benommen,
Während Schmerz und Fieber kommen,
Seit drei Stunden absolut,
Ohne dass man etwas tut.
Als er endlich sich beschwert,
Ist darob man sehr empört
Und sperrt ihn, nun ganz allein,
In ein kleines Zimmer ein.
Irgendwann, Doc Pointer flucht,
Wird er endlich untersucht,
Dann steht fest, er in der Tat
Keine Meningitis hat,
Diesowegen soll nun er
Auf die Gastro stationär.
Doch der Arzt auf der Station
Will erst 'ne Lumbalpunktion.
So sie streiten hin und her,
Ob und was zu machen wär?
Als bis Neune nichts passiert,
Pointer die Geduld verliert
Und er fasst dann den Entschluss,
Dass er hier verschwinden muss.

Zu Hause dann, noch in der Nacht,
Frau Doktor meint, wär doch gelacht,
Wenn ich bei dieser schweren Chose
Nicht finden würd die Diagnose.
Da fühlt sie, beim Prophetenbart,
Dass ein Gefäß am Kopf ist hart

Und gleich darauf, als sie beherzt
Den Druck erhöht, es richtig schmerzt.
„Doc Pointer", ruft sie, „das ist klar
Mit Sicherheit 'ne RZA!
Ich geb dir eine Infusion
Mit hohen Dosen Cortison
Und dann bist du bald insoweit
Vom Fieber und vom Schmerz befreit."

Pointer lehnt sich froh zurück,
Denn er hatte großes Glück,
Weil in Lünen, nicht zu fassen,
Ihn man hatte warten lassen.
Denn hätt' man ihn aufgenommen,
Wär er auf den Hund gekommen,
Weil ja keiner, auch nach Stunden,
Seinen Krankheitsherd gefunden.
Dies ist hier im Fall fatal,
Denn dann droht ein Schlaganfall
Oder, besser denk das nicht,
Man verliert sein Augenlicht.
Dies sei allen eine Lehre,
Wichtig ist bei meiner Ehre,
Dass man, wenn man mal malad,
Einen guten Hausarzt hat.

Der Mann mit Hut

Jedermann ist sicher froh,
Wenn im Notfall oder so,
Jedenfalls im Fall der Fälle
Immer Ärzte sind zur Stelle.
Pointer hält drum allezeit
Seinen Koffer stets bereit,
Weil er oftmals stante Fuß
Mittenmang zum Einsatz muss.

Jetzo kam gerade eben
Zwar der Notruf ungelegen,
Trotzdem startet er sofort
Ohne Halt nach Unna-Nord,
Denn Frau Schön hat dort seit Tagen
Subakutes Herzversagen.
Gleich beim zweiten Ampelstopp
Fasst sich Pointer an den Kopp:
Steht doch da ein Mann mit Hut,
Der bei Grün nicht fahren tut.
Pointer drückt, von wegen Eile,
Auf die Hupe eine Weile
Und spricht höflich: „Lieber Herr,
Grüner wird es heut' nicht mehr.“
Der mit Hut streckt statt Applaus
Ihm sogleich die Zunge raus
Und fährt dann die ganze Fahrt
Vor ihm frei nach Schneckenart.
Pointer endlich will verstohlen
Diesen Fatzke überholen,
Doch da drängt ihn der Verdammte
Seitlich an die Bordsteinkante.
Pointer fragt sich sorgenvoll,
Ob er das riskieren soll?

Er beschließt darauf zivil:
Langsam kommst du auch zum Ziel.
Plötzlich merkt er, das ist frech,
Mensch der hat denselben Weg!
Und so kommen beide dann
Zeitgleich an dem Zielort an.
Doktor Pointer will nun schnelle
Schnurstracks an die Einsatzstelle,
Da hält ihn – verdammte Pest! –
Dieser Kerl am Kragen fest,
Um ihm nun nach Väter Sitten
Rasch zu lesen die Leviten.
Als der Doktor dergestalt
Sich befreit bald mit Gewalt,
Ist jedoch – oh Gott, oh Gott! –
Ebengrad Frau Schöne tot.
Pointer müht sich zwar noch redlich,
Aber hier im Fall vergeblich.

Während dies allhier geschah,
Kommt es beinah zum Eklat,
Denn der Mann mit dem Chapeau
Heulte Wasser, Rotz und Stroh,
Alldieweil er notabene
Jetzt auch war der Witwer Schöne.
Pointer packt seitdem die Wut,
Wenn ein Mensch mit einem Hut
Irgendwo im Auto fährt
Und die andren Mores lehrt.

Das Geschenk

Doc Pointer, der sich Mühe gibt,
Ist beim Patienten sehr beliebt.
Zu jedem Fest bekommt er nun
Als Dankeschön für all sein Tun
Gar reichlich scharfen Alkohol,
Nur sozusagen für sein Wohl.
„Ihr lieben Leut! Wer je das trinkt,
Schon morgens wie ein Schnapsglas stinkt
Und außerdem ist, wie man hört,
Allein zu saufen nicht viel wert.
Zumal, wenn selbst ich trink die Chose,
Bekomm ich sicher 'ne Zirrhose.
Wenn aber wir gemeinsam picheln,
Dann sicher die Kollegen sticheln:
Der Pointer macht mit Alkohol
Nur sich und seine Praxis voll.
Drum lasst den Schnaps im Laden stehn,
Sagt lieber öfter Dankeschön."

Das Echo

Doktor Pointer hoch entzückt
In sein eignes Büchlein blickt
Und ihm kommen fast die Tränen,
Wenn er liest die Praxisszenen.
Weggeblasen ist der Frust,
Der ihm nahm die Arbeitslust.
Stante pede ohne Ruh
Strebt er jetzt der Praxis zu
Und ist insoweit verblüfft,
Weil er niemanden dort trifft.
Erst mal denkt er ganz verwirrt,
Ob er sich im Datum irrt?
Dann bemerkt er voller Sorgen:
Es ist wirklich Montagmorgen.
Schnell hat hier sich 'rumgesprochen,
Was der Doktor hat verbrochen.
Drum sitzt er jetzt ganz alleine
Auf dem Haufen „gelber" Scheine
Und erkennt mit bittrem Staunen
Seines Schicksals üble Launen.
Denn, wer heute Schmerzen hat,
Meidet plötzlich Pointers Rat.
Keiner will mehr seine Spritze
Und erst recht nicht seine Witze.

Lieber Doc! So ist das halt,
Wenn man ruft in einen Wald,
Kommt es meistens knüppeldick
Mit dem Echo dann zurück.

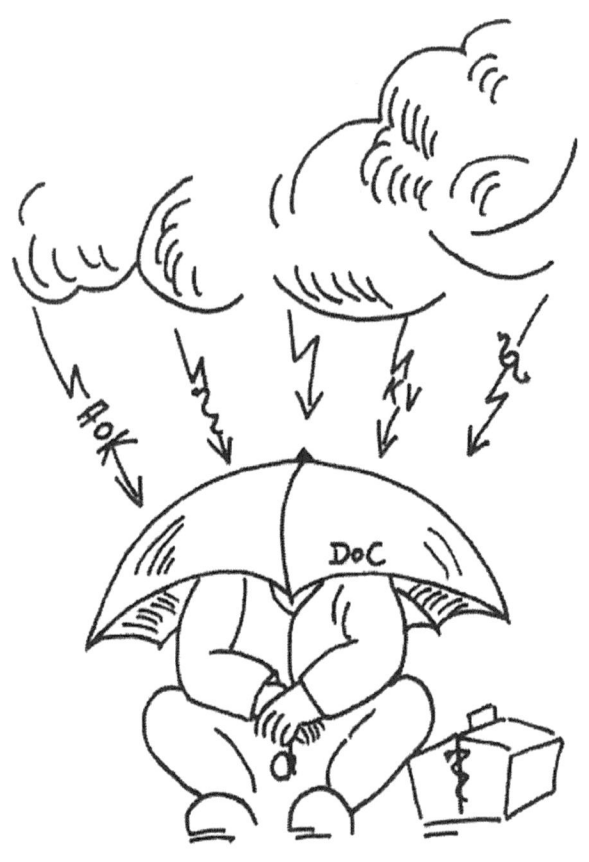

All-Gemeines

Ein Lob macht selbst den Jecken munter
Und geht auch jedem wohlig runter,
Jedoch die meisten blöde gucken,
Wenn sie Kritiken müssen schlucken,
Denn größtenteils wird ja vom Magen
Selbst leichter Tadel schlecht vertragen.
Dazu erhebt sich oft genug
Aus vielen Ecken Widerspruch,
So endet manche kleine Rüge
Im Handumdrehen als Intrige.
Wird die Kritik jedoch garniert
Fein psychologisch präsentiert,
Bewirkt dies Dressing es vielleicht,
Dass sie auch ihren Zweck erreicht.
Doch manche Menschen permanent
Sind auf Kritik fast resistent
Und kennen, stolz ob ihrer Größe,
Bei sich im Ganzen keine Blöße.
Dies Werk deshalb ist, bitte schön,
Als wie ein Spiegel anzusehn
Und jeder Leser sollte drum
Nach dieses Buches Studium,
Anstatt den Kritiker zu hassen,
Sich an die eigne Nase fassen.

Die gleitende Arbeitszeit

Wer hat nicht schon laut geflucht,
Wenn vergeblich er versucht,
Schnell auf Biegen oder Brechen
Irgendwen im Amt zu sprechen.
Erstens merkt man oft erst jetzt,
Dass die Leitung stets besetzt.
Zweitens ist dann eben dort
Grad der Fachmann meistens fort.
Pointer hält drum insoweit
Neun für eine gute Zeit.
Doch da viele Arbeitszeiten
Morgens ganz erheblich gleiten,
Ist natürlich in der Früh'
Fast umsonst die ganze Müh'.
Pointer meint deshalb um zehn,
Müsst' es sicher besser gehn.
Diesmal aber Amtmann Krause
Ist bereits zur Frühstückspause.
Pointer flucht und ist empört,
Als um eins er wieder hört,
Dass der Krause, welches Pech,
Eben ist zu Mittag weg.
Pointer wartet nun bis drei,
Falls der Mensch am Schlafen sei.
Dann versucht er's guten Mutes,
Doch im Hörer tuut und tuut es.
Jetzo Pointer macht Randale
Und verlangt die Hauptzentrale.
Hiero sagt die Dame glatt,
Dass der Krause Sitzung hat
Und dabei, so ist zu hören,
Lässt er sich nur ungern stören.

Etwas später, kurz nach vier,
Pointer steht vor Krauses Tür
Und erfährt dort lapidar,
Dass Herr Krause nicht mehr da,
Weil nun ja die Arbeitszeiten
Auch des Abends wieder gleiten.
Als Doc Pointer ganz verzagt
Anderntags es nochmals wagt,
Sagt man diesmal leider nur:
„Ach, der Kraus', der ist zur Kur."

Obwohl doch heut' Beamtenköpfe
So häufig sind wie Hemdenknöpfe,
Du triffst den Amtmann, wo auch immer,
Jedoch fast nie im Arbeitszimmer.
Gelingt's dir trotzdem – sapperment!
Dann sitzt er sicher da und pennt.

Kirschmarmelade

Pointer just zur Sommerzeit
Sich auf süße Kirschen freut,
Denn die kriegt er jedes Jahr
Aus dem Garten der Mama.
Frisch vom Baum und noch mit Kern
Mag er sie besonders gern.
Grade kam der Anruf eben,
Dass die Kirschen aufgegeben.
„Man versprach mir hier vor Ort,
Dass die Kiste − Ehrenwort −
Kommt am Samstag mit der Bahn
Zwölf Uhr mittags bei euch an."
Pointer hastet, wie befohlen,
Um das Päckchen abzuholen,
Doch am Schalter für Gepäck
Ist der Dienstmann eben weg.
Leise klingelt er zunächst,
Falls der Mensch am Tage döst.
Doch dann hört, nach mehrmals Rufen,
Er den Amtmann heftig fluchen.
Ohne Gruß und ohne Nicken,
Ohne sich auch umzublicken,
Knurrt der: „Nein! Erst kurz vor vier
Ist ihr Päckchen frühstens hier."
Pointer hört um vier beklommen,
Dass die Kiste nicht gekommen.
„Ist es möglich − etwas später?"
Fragt er den Gepäckvertreter.
„Wennse meinen das macht Spaß,
Komm'se wieder, tunse das."
Pointer dann, so sechs Uhr zehn,
Sieht denselben Kerl dort stehn

Und die Kirschen, das ist schlimm,
Steh'n seit Mittag hinter ihm.
Trotzdem spricht der: „Leider nit,
Ihre Kiste kam nicht mit."
Pointer sucht mit Zähneknirschen
Ihm zu zeigen, dass die Kirschen
Stehn seit Stunden im Regal,
Doch dem Kerl ist das egal.
Ohne sich nur umzublicken
Oder sich auch nur zu bücken,
Brüllt der Mensch in barschem Ton:
„Is nicht da, nun gehnse schon!"
Wütend Pointer resigniert,
Ballt die Faust und geht frustriert.
Erst am Montagmorgen dann
Kommt er an die Kirschen dran.
Diese leider gibt's jedoch
Hier im Fall zur Hälfte noch
Und sie taugen, jammerschade,
Höchstens noch für Marmelade.

Bei der Bahn die große Eile
Dauert meistens eine Weile.
Manches würde schneller enden,
Wenn dort nicht Beamte ständen,
Denn die sind im Bahnbetriebe
Häufig Sand in dem Getriebe.

Der Einschreibbrief

Pointer heute es genießt,
Dass die Praxis früher schließt,
Alldieweil er wünscht noch eben
Einschreibbriefe aufzugeben.
Diesohalb mit schnellem Schritte
Eilt er jetzt zum Postamt-Mitte.
Hier muss er ganz außer Atem
Schon am ersten Schalter warten,
Weil die Dame ungerührt
Grad Privatgespräche führt.
Nach 'ner knappen Viertelstund'
Wird es Pointer dann zu bunt.
„He!", spricht er, wobei er grinst,
„Schnaps ist Schnaps und Dienst ist Dienst!"
Drauf das Fräulein kurz entschlossen
Hat den Schalter eins geschlossen.
Pointer denkt sich nichts dabei,
Stellt sich drum an Schalter zwei.
Doch der Amtmann, der hier sitzt,
Emsig seinen Bleistift spitzt.
Plötzlich riecht es in der Luft
Köstlich wie nach Kaffeeduft.
Das ermuntert ihn rasant,
Schalter zwei ist auch vakant.
Währenddes in dieser Zeit
Macht in Pointer Wut sich breit,
Fluchend steht er in der Reih'
Ganz am Schluss vor Schalter drei.
Als er endlich vorne dann,
Nimmt der Mensch den Brief nicht an:
„Für Einschreibbriefe, bitte schön,
Nur Schalter vier ist vorgesehn."

Trotz er schon verzweifelt schier,
Stellt er sich vor Schalter vier.
Dort allmählich rückt – parbleu!
Schritt für Schritt und peu à peu
Pointer vor bis an den Schalter.
Da, verdammter Haarespalter,
Schließt der Mensch die Kasse zu,
Alldieweil ist Mitttagsruh.
Doktor Pointer garantiert
Jetzt im Dreieck explodiert
Und hat, innerlich zerrissen,
Seine Briefe weggeschmissen.

Später überlegt er nun,
Was ist in dem Fall zu tun?
Jeder weiß, dass Postbehörden
Zählen sicher auch Beschwerden.
Doch wenn einer dort im Amt
Ist bekannt als Querulant,
Wird man diesen Quälgeist loben,
Dass er klettert rasch nach oben.
Macht der Mensch es keinem recht
Und dazu ist fachlich schlecht,
Schickt man diesen, allerhand,
Sicher bald in Ruhestand.
Pointer beides nicht gefällt,
Drum er auch die Schnauze hält.

Die Hauptstadtfrage

Pointer war schon immer klar,
Wo die deutsche Hauptstadt war,
Denn bereits als Benjamin
Träumte er von Großberlin.
Heute aber – ohne Mauer –
Werden viele plötzlich sauer,
Denn man meint, dass diese Stadt
Viel zu große Schatten hat
Und die Frage außerdem
Ist für Bonner ein Problem.
Erstens, hört man, wer will je
Bona fide an die Spree?
Zweitens ist doch allerhand,
Dass man einen ganzen Stand
Per Dekret, wie eben jetzt,
Einfach nach Berlin versetzt.
Drittens gilt in Sonderheit
Hier das Recht noch insoweit,
Als man nach so vielen Jahren
Den Besitzstand muss bewahren.
Wer zahlt viertens den Beamten
Den Besuch bei den Verwandten
Und damit noch nicht genuch,
Wer bezahlt den Arztbesuch,
Wenn Minister wie 'Spektoren
Wünschen ihre Hausdoktoren?
Last, not least ist auch Vergnügen
Dort so billig nicht zu kriegen,
Drum braucht man auch dergestalt
Einen Bonus fürs Gehalt,
Denn nur so könn' sich die meisten
Nächte in Berlin auch leisten.

Ja, wenn das nur alles wär,
Wo kommt denn die Knete her?
Alldieweil der Umzugsposten
Fraglos wird Milliarden kosten!
Besser drum und viel gerechter,
Wie für Bonner gar nicht schlechter,
Wär als Vorschlag doch patente,
Jeder kriegte gleich die Rente.
Pointer fragt sich fassungslos,
Was sind das für Menschen bloß?
Diesohalb er vehement
Schreibt ans deutsche Parlament:

Sehr geehrte Damen, Herren,
Ich will mich akut beschweren,
Weil der Umzug, wie geschmiert,
Wird tagtäglich torpediert.
Lasst die Pfeifen doch in Bonn
Oder schickt sie in Pension,
Denn dadurch mit einem Stoß
Seid ihr allen Ballast los
Und es bleiben diese Zwerge
Hier im Land der sieben Berge ...
Mensch! – Begreift doch, dass dies Glück
Für die deutsche Politik
Ganz und gar einmalig ist!

Doktor Pointer, Internist.

Der neue Job

Als des Abends abgeschlafft
Pointer in den Spiegel gafft,
Seufzt er: „Ach, war doch vordem
Der Beruf als Arzt noch schön.
Heute musst du jeden Willen
Möglichst vorher schon erfüllen.
Keiner hat mehr noch Geduld,
Immer ist der Doktor Schuld
Und am Ende zu dem Stress
Kommt als Dank dann der Regress.
Mach dir keine Illusionen,
Willst du deine Seele schonen,
Schau dich um und suche dir
Einen Job mit mehr Pläsier!"

Gleich am Morgen ziemlich lange
Steht sich Pointer in der Schlange
Vor dem Arbeitsamt der Stadt
Seine Füße krumm und platt.
Als er mit dem Antrag dann
Endlich Wünsche äußern kann,
Ist die Dame ganz verstört,
Weil sie so was nie gehört.
Dann sucht sie in den Papieren,
Was man könnte offerieren.
Plötzlich stoppt sie: „Halt! Nanu!
Dies sagt ihnen sicher zu:
Wöchentlich nur ein paar Stunden
Ist der Job hier ortsgebunden,
Noch dazu bei vollem Lohn
Geld für Repräsentation.
Ferner ohne Federlesen
Selbstverständlich saftig Spesen.

Drittens kann man kostenlos
Erster Klasse – grandios! –
Piep egal auf welche Weisen,
Just die ganze Welt bereisen.
Viertens auch im Krankheitsfall
Kriegt man unbegrenzt total
Alle Kosten Pipapo,
Lohn plus Extras sowieso.
Außerdem und insoweit
Hat man schon nach kurzer Zeit
Gleichsam noch als Attraktion
Vollen Anspruch auf Pension
Und dazu, als Rarität,
Selbstbestimmung der Diät."
Pointer schluckt: „Wie kolossal!
So was gibt's kein zweites Mal.
Her damit und kneif mich feste!
Dieser Job ist eh der beste!"
Drauf die Dame etwas stockend:
„All das klingt zwar sehr verlockend,
Doch gibt's das im Augenblick
Nur im Reich der Politik."

Doktor Pointer, richtig sauer,
Pfeift sich einen Gassenhauer
Und schimpft dann: „Was soll das bloß?
Überall dieselbe Chos'!
Jeder Speck dient diesen Maden
Gleich als Selbstbedienungsladen."

Die neue Straße

Ist es nicht ein starkes Stück,
Dass in dieser Republik
Grad die Straßenbaubehörden
Immer den Etat gefährden?
Erstens wird bereits beim Plan
Eine Menge Geld vertan.
Zweitens hat man sich zuletzt
Stets beim Bau total verschätzt
Und dazu wird permanent
Noch gespart am falschen End'.
Ist zuletzt das Straßenbett
Trotzdem fertig und komplett,
Fehlt ganz sicher jedes Mal
Irgendetwas am Kanal.
Also gräbt man, wie zum Spaße,
Löcher in die neue Straße
Und, wenn sie grad zugeschmissen,
Wird sie nochmals aufgerissen,
Um noch von den Gegenseiten
Neue Rohre einzuleiten.
Ist die Decke wieder zu,
Gibt die Te'kom keine Ruh,
Alldieweil bei Inspektion
Fehlt der Draht fürs Telefon.
Freut man sich, dass endlich nun
Alle Bauarbeiten ruhn,
Wiederholt sich dieser Spaß
Erst für Kabel, dann für Gas.
Jeder weiß, dass Korrekturen
Hinterlassen ihre Spuren,
Aus dem Grunde fährt man dann
Auf den Straßen Achterbahn.

Pointer sagt sich: „Ei der Daus,
So was nicht vor meinem Haus!"
Als er plötzlich davon hört,
Dass man seine Straße teert,
Will er alles unentwegen
Zeitgleich und en bloc verlegen.
Doch die Ämter sich empören,
Als sie seinen Vorschlag hören,
Ja, dort heißt es: „Lieber Mann,
Kümmre dich um deinen Kram!
Straßenkosten allemal
Sind für jedermann egal,
Denn die Stadt wird die Gebühren
Grundstücksweise einkassieren
Und der Rest kommt en tout cas
Aus dem Straßenbauetat.
Außerdem, wenn alle gleich
Werkeln hier auf einen Streich,
Wer in einem Schadensfall
Trägt die Folgekosten all,
Wenn zum Beispiel, wie bestellt,
Einer in die Grube fällt?
Drum gilt stets, wer Löcher gräbt,
Auch die Folgekosten trägt
Bis die Straße, was nicht schwer,
Ist im Zustand wie vorher.
Aus dem Grund geht's ohne Krach
Immer wieder nach und nach."

Am Ende, das ist das Fatale,
Fehlt wieder Geld für das Soziale
Und statt 'ner Straße hat an sich
Der Bürger einen Flickenteppich.

Der Wohnungsbau

Man verliert beim Häuserbauen
Mit dem Geld auch oft Vertrauen.
Ob nun Maurer oder Schreiner
Oder ob es sonst noch einer,
Alle, wenn man sie bestellt,
Wollen vorab „schwarzes" Geld.
Zweitens muss man hundertfach
Sie erst bitten Tach für Tach,
Bis sie endlich irgendwann
Fangen mit der Arbeit an.
Drittens, wenn es dann soweit,
Lassen sie sich reichlich Zeit
Oder produzieren husch
Für das gute Geld noch Pfusch.
Sei es, dass die Fensterstürze
Durch die Schräge kriegen Würze,
Sei es, dass die Deckenhöhen
Allenfalls für Zwerge gehen
Oder dass die Treppenstiegen
Nur für Riesen richtig liegen.
Pointer jedenfalls ist froh,
Dass die Fenster irgendwo
Und dass letztlich, is doch wat,
Jedes Zimmer Türen hat.
Dass die Schalter, wie die Becken
An den falschen Wänden stecken
Und man selbstverständlich halt
Stets vertauschte warm und kalt,
Ist beim Waschen fast egal,
Nur beim Lokus ganz fatal.
Tut Doc Pointer dann monieren,
Dass die Klinker ondulieren,

Stimmen alle überein:
„Das ist recht und muss so sein."
Pointer wird es bald zu viel
Und, weil er das ändern will,
Ist er schnellstens wutentbrannt
Auf das Amtsgericht gerannt.
Doch vom Schaden zum Termin
Dauert es ja immerhin,
Grade bis die Gegenseite
Zum Prozess ist eben pleite.
Das ist drum so ekelhaft,
Weil's statt Recht noch Kosten schafft
Und man auf Gerichtsbeschluss
Beide Seiten zahlen muss.
Pointer fühlt, dass hiero itzt
Ihm der Ärger wenig nützt,
Drum versucht er autogen
Diese Krise zu bestehn.
Außerdem er abends spät
Oftmals erst nach Hause geht,
Einmal, weil er diesen Stuss
Irgendwie bezahlen muss
Und zudem dann auch nicht sieht
Jeden Tag denselben Schiet.

Die Bauendabnahme

Pointers hatten für viel Geld
Sich ein Fertighaus bestellt
Und bereits nach ein paar Wochen
Sind sie dann, wie abgesprochen,
Rucki, zuck mit Mann und Maus
Eingezogen in ihr Haus.
Später kam mal irgendwann
Von der Stadt der Bauamtmann,
Um zu prüfen, ob der Bau
Wär nach Vorschrift ganz genau.
„Ja", sprach dieser, „die Garage"
– Pointer wurde rot vor Rage –
„Muss hier weg, denn wenn es brennt,
Nicht die Wehr zum Garten könnt!"
Erst nach vielem Hin und Her,
Was denn da zu machen wär,
War er endlich dann d'accord,
Wenn dort beiderseits ein Tor.

Nach vier Wochen kam erneut
Der vom Amt hereingeschneit
Und bemängelt wieder keck:
„Die Garage muss hier weg!"
Denn nach Vorschrift müsste da,
Wo der zweite Ausgang war,
Ganz genau an dieser Stelle, –
„Herr verdammt, fahr doch zur Hölle!"–
Festgenagelt, was nicht geht,
Just ein Schild auf dem dann steht,
Dass bei laufendem Motor
Nicht zu schließen sei das Tor.
Doktor Pointer wurde bleich,
Sagte aber alsogleich:

„Dieser Raum ist, bitte schön,
Nicht für Autos vorgesehn,
Denn er ist auf jeden Fall
Fest verplant als Gänsestall,
Das ersetzt uns, ohne Frage,
Nämlich die Alarmanlage!"
Sprachlos schaut der Amtesmann
Skeptisch Doktor Pointer an,
Denn für ihn der Geistesblitz
Ist ein schlechter Treppenwitz.
Jetzo spricht, so ernst er kann,
Doktor Pointer: „Lieber Mann,
Autos, ja da hamse Recht,
Stören häufig, das ist schlecht,
Wenn's im Garten einmal brennt
Und man dort nicht löschen könnt.
Drum gibt's hier zur Sicherheit
Keine Autos insoweit."
Ohne Zögern, kann das sein? –
Kriegte Pointer jetzt den Schein.
Doch in Zukunft, nie im Leben,
Wird's bei Pointers Gänse geben
Und im „Stall", wie vorgesehn,
Selbstverständlich Autos stehn.

Der Stau

Jedes Jahr zur Reisezeit
Macht im Land die Wut sich breit,
Weil grad jetzt an vielen Stellen
Repariert man Straßendellen
Und natürlich auf die Weise
Staut sich manche Urlaubsreise.
Pointer plant deshalb konkret,
Wie man solches rasch umgeht.
So beginnt er erstens leise
Samstagfrüh mit seiner Reise.
Zweitens nimmt er absolute
Möglichst eine Nebenroute.
Sei es nun, dass über Nacht
Mancher Gleiches sich gedacht,
Oder dass 'ne Unfallstelle
Hemmt die erste Reisewelle,
Jedenfalls geht es, oh Tücke,
Bald nicht vor und nicht zurücke.
Pointer sagt sich: Ruhig Blut,
Ärger tut bestimmt nicht gut,
Denke positiv bei Staus,
Lächle aus dem Fenster raus.
Geht's dann wieder, welches Glück,
Langsam vorwärts Stück für Stück,
Lässt der Doktor, so wer blinkt,
Alle vor, weil's doch nichts bringt.
Dies jedoch scheint allgemein
Für die Menschen Gift zu sein,
Denn man schimpft ihn mit Esprit:
„Alter Affe! Dummes Vieh!"
Kommt nun Pointer, Herr, o Herre,
Endlich an die Straßensperre,

Nimmt ihm das, was er dort sieht,
Für den Rest den Appetit,
Denn da machen bei 'ner Brause
Zwei Gesellen fröhlich Pause
Und die Straße ist seit Tagen
Fix und fertig aufgetragen.
Fragt man nunmehr die Mesjöh:
„Ja warum ist dieses sö?"
Hört man erstens: Nach dem Plan
Sei die Öffnung Montag dran,
Da man jetzt am Wochenende
Keine Arbeitskräfte fände,
Die natürlich im Akkord
Räumen alle Schilder fort
Und für Überstunden fehlt
Stets dafür ja eh das Geld.
Pointer flucht: „Verdammt noch mal!
Kosten sind doch hier egal!
Überall tun Bürokraten
Fraglos unser Geld verbraten,
Hier stiehlt man uns insoweit
Mit dem Geld auch noch die Zeit!"

Ärger mit der Telekom

Mittenmang am Montagmorgen
Macht sich Pointer große Sorgen,
Alldieweil sein Telefon
Hat seit acht Uhr keinen Ton.
Dies Problem, sogleich spontan,
Meldet er per Handy an.
Da seit Stunden sich nichts tut,
Packt Doc Pointer bald die Wut,
Denn die an der Störungsstelle
Tun als wär's 'ne Bagatelle.
Nochmals lässt er sich verbinden,
Um den wahren Grund zu finden.
Freundlich hört er, kann das sein? –
„Augenblick und hold the line."
Gleich danach erklingt im Ohr
Ein Konzert mit einem Chor.
Mitten im Adagio
Ist der Doc dann endlich froh,
Dass er plötzlich, gibt es dat,
Jemand an der Strippe hat.
„Herr verdammt! Ich bin empört!
Meine Leitung ist gestört!"
Doch der Herr sagt unverbindlich:
„Praxen sind heut nicht mehr dringlich,
Drum kann ich erst übermorgen
Einen Servicemann besorgen."
Doktor Pointer, wutentbrannt,
Findet dieses allerhand
Und er lässt sich gleichfalls eben
Den Abteilungsleiter geben.
Während er noch wird verbunden,
Läuft die Zeit als wären's Stunden.

Ganz in die Musik versunken,
Hört er: „… schöner Götterfunken,
Tochter aus Elysium.“
„He! Jetzt ist der Hörer stumm!“
Doch am Ende der Romanze
Meldet sich der Chef vons Ganze.
„Ihre Leitung im Moment
Ist zwar grade abgeklemmt,
Aber nachmittags ab zwei
Kommt ein Techniker vorbei.“
Pointer wartet ganz frustriert,
Weil bis viere sich nichts rührt.
Endlich kommt der Telemann
So um fünfe bei ihm an.
Als nun Pointer sich beklagt
Und dem Mann die Meinung sagt,
Spricht der: „Es war einwandfrei
Dieses Date geplant ab zwei.“
Pointer ruft drauf: „Ha, Schalom!
Das ist typisch Telekom.
Ich kann meine Praxis streichen,
Weil mich keiner tut erreichen,
Dann hab ich, ganz unerhört,
Für viel Geld Musik gehört.
Ferner, seid ihr noch gescheit,
Stehlt ihr mir auch meine Zeit,
Weil wir warten hier vereint
Bis die Telekom erscheint.
Ich zieh drum aus der Misere
Für die Zukunft meine Lehre
Und ich terminiere knapp
In der Praxis auch nur ‚ab’!
So kann niemand, welcher Stuss,
Meckern, wenn er warten muss

Und ich mach es, horrido,
Beim Bezahlen ebenso."

Plädoyer für einen Sitzplatz

Gegenwärtig in den Ländern
Sich die Dinge rasch verändern.
So ist das, was jetzt modern,
Schnell veraltet insofern
Und was heute obsolet,
Morgen plötzlich wieder geht.
Dieser Wechsel unbestritten
Hat beeinflusst unsre Sitten.
Eben dies sich offen zeigt,
Wenn man in die S-Bahn steigt,
Denn es scheint, dass für die Jugend
Ist das Sitzen eine Tugend.
Drum kann man in S-Bahn-Zügen
Selten einen Sitzplatz kriegen.
Dergestalt ist Stehen heute
Vorrecht für die alten Leute.
Pointer findet, dass der Staat
Hier am falschen Ende spart
Und so schreibt er ganz spontan
An die Deutsche Bundesbahn,
Ob man nicht schon per Gesetze
Reservieren könnt' die Plätze?
Immerhin auf diese Weise
Gäb es Sitzplatz auch für Greise.

Da in Ämtern und Behörden
Oft sich häufen die Beschwerden,

Kann die Antwort – mit Bedauern –
Zeitlich etwas länger dauern.
Als er endlich diese hat,
Ist Doc Pointer wirklich platt,
Denn es steht da: Nach Statut
Gibt es nirgends absolut
Und erst recht nicht per Gesetze
Für Senioren Vorzugsplätze.
Zweitens kann von vornherein
Keiner bei uns sicher sein,
Dass er mit dem Bahnbillette
Anspruch auf 'nen Sitzplatz hätte.
Ferner wurd' auf ihre Frage
Streng geprüft die Gleichheitslage
Und da gilt dasselbe halt
Ebenso für jung wie alt.
Falls sie jetzt jedoch erwägen,
Einen Einspruch einzulegen,
Richten sie den bitte sehr
An das Amt für den Verkehr.
Pointer denkt, wär doch gelacht,
Wenn man hier nicht weitermacht.
Also schreibt er: Herr Minister!
Ist ein Stehplatz für Philister
Bei uns hier der Status quo?
Und so weiter Pipapo...
Wieder nach 'ner Wartefrist
Amtlich dann zu lesen ist:
Lieber Pointer, ihre Klage
Bringt privat mich zwar in Rage,
Doch besteht von Amtes wegen
Kein Aktionsbedarf dagegen,
Da nun aber trotz und dem
Ihre Fragen unbequem,

Drum geht heut ihr Schreiben weiter
An den Herrn Abteilungsleiter
Im Ressort, so ist zu lesen,
Jugend- und Erziehungswesen.
Pointer diesohalb frustriert
An dem Fall die Lust verliert
Und er denkt, so ist das nun,
Schwarze Peter lässt man ruhn,
Oder schiebt sie zirkulär
In den Ämtern hin und her.
In Behörden nämlich zählt
Beim Protest nur Quantität.
Qualität ist, wie gesagt,
Allermeistens kaum gefragt.
Drum versickert hierzulande
Häufig die Vernunft im Sande.
Außerdem und sozusagen
Sind heut zwecklos solche Klagen,
Denn die Sache scheint an sich
Ohne Wert und lächerlich.

Trotz und dem, weil keiner sieht,
Was in diesem Land geschieht,
Warne ich: „Ihr Liebe Leute,
Wo bleibt die Erziehung heute?
Neid hier herrschen und Gezanke,
Keiner sagt mehr bitte, Danke!
Ja ich habe hierzulande
Nirgends, es ist eine Schande,
Schon seit langem nicht entdeckt
Etwas Achtung und Respekt.
Ich, verdammt und zugenäht,
Weiß wie es woanders geht,
Dort gehört zum guten Ton
Sorry oder auch Pardon.

Selbst in England, da schau an,
Gibt's in Bus und Eisenbahn
Für Senioren jeweils yes
Reichlich Plätze ohne Stress,
Weil die Jugend insoweit
Dort allein aus Höflichkeit
Alten macht, mit einem Satz,
Selbst in vollen Zügen Platz."

Die Kunstmesse

Pointer eines Sonntags triste
Sitzt vor seiner Flimmerkiste
Und bemerkt bald voller Frust
Den enormen Zeitverlust.
Gradewegs aus diesem Grund
Packt er seinen Schweinehund
Und begibt sich voll Int'resse
Schnurstracks auf die Kölner Messe.
Dort schon in der Eingangshalle
Wird's ihm flau und reichlich dralle,
Denn da hängt – es ist zum Weinen! –
Überall geschwärztes Leinen.
Just zur Rechten – Mensch, wie heiß –
Tolle Bilder ganz in Weiß.
Gegenüber – sapperlot –
Glänzt bemalter Hundekot
Und daneben – attraktiv –
Eine Dose Corned Beef.
Pointer denkt sich scheißegal,
Weiter schnell zum nächsten Saal.

Dort steht jetzt– oh, welch Pläsier –
Ein Klavier in Packpapier
Neben einer Badewanne,
Das ist sicher eine Panne,
Und darüber in den Ecken
Echte Beuyssche Butterflecken,
Ferner auch – zum Haarausraufen –
Sein berühmter Tafelhaufen.
Pointer, sichtlich irritiert,
Ist zum Ausgang hin marschiert.
Doch da wird er – ei, verflucht –
Bis zum Nabel untersucht.
„... Denn es sei schon vorgekommen,
Dass man etwas mitgenommen
Und dadurch wurd, unerhört,
Manches Kunstwerk ganz zerstört!"
Pointer schimpfend fraget sich,
Hat die Kunstwelt einen Stich?
Zähneknirschend und voll Grausen
Rettet er sich flugs nach Hausen.

Gute Kunst wirkt überall
Ohne Wort und Redeschwall,
Moderne Kunst wird leider aber
Häufig „Kunst" erst durch Gelaber.

Das Festival

Das Festival der deutschen Schlager
Ist schon seit Jahren mehr als mager,
Denn leider, das ist das Abstruse,
Verschmähen Dichter diese Muse.
Doch Pointer sagt sich: „Tralala,
Wozu sind denn Poeten da?"
So schreibt er schleunigst und va bene
Ein Liedchen für die Schlagerszene.
Nur leider statt in Englisch platt,
Ist Hochdeutsch seine Moritat,
Drum wird, ist das nicht unverschämt,
Sein Text als Beitrag abgelehnt.
Dieweil erklingen Leckerbissen
Aus Stotterei mit Hindernissen.
Drauf Pointer ist bald ausgeflippt
Und hat sich an die Stirn getippt:
„Verflixt noch mal! Ihr armen Lichter!
Macht Narren selbst zum Liederdichter,
Die rauben uns die besten Tage
Und werden drob zur Landesplage."
So hört man jetzt, ich krieg die Krätze,
Nur Technokram und platte Sätze.
Jedoch der Krach, bald mit Verlaub,
Natürlich macht die Ohren taub.
Ich hoff' für den Musikbetrieb,
Dass etwas Kunst noch übrigblieb,
Sonst spielen bald im Land der Meister
Vor tauben Ohren kleine Geister."

Das Müllproblem

Pointer weiß sich keinen Rat,
Weil er Müllprobleme hat.
Er will diesohalb entschlossen
Mit den Bürgern und Genossen
Auf den Straßen demonstrieren,
Denn die Menschheit muss kapieren,
Dass nicht jeder, was er will,
Schmeißt als Abfall auf den Müll.
Auf dem Marktplatz mit Gejohlen
Hört man laut dann die Parolen:
Schuldig ist, das ist bekannt,
Erstens jeder Fabrikant!
Schuldig zweitens die Manie
Der Verpackungsindustrie!
Und natürlich der Verkehr
Kommt dazu und hinterher!
Schuldig viertens ist das Amt,
Das, anstatt es insgesamt
Aufhört mit dem Müllgeschwätze,
Ihn verbietet per Gesetze.
Schuldig sind nach dem on dit
Stets die andern, wir selbst nie.
Plötzlich ruft, welch Gaudium,
Aus dem Auditorium
Einer mitten ins Gebrüll:
„Wo kommt hin der Rest vom Müll?"
Ganz betreten wird es still,
Weil das jeder wissen will.
Als die Stadt, Mensch das ist hart,
Ihre Planung offenbart,
Wo jetzt soll im Handumdrehen
Eine Deponie entstehen,

Sind bald allesamt entzweit
Und zum Äußersten bereit,
Denn 'ne Restmülldeponie
Keiner gern hat vis-à-vis.
Drum schiebt mancher plötzlich froh
Das Problem auf Ultimo.

Die Golfpartie

Mancher in Old Germany
Träumt von einer Golfpartie
Und so sucht, wer im Moment
Zählt sich zum Establishment
Oder wer von wegen Geld
Sich für etwas Bessres hält,
In ganz Deutschland querfeldein
Irgendeinen Golfverein,
Denn nur so kann er sodann
Immer Golfen nebenan.
Pointer aber hält vom Spiel
Mit dem kleinen Ball nicht viel,
Alldieweil zum Lebenszweck
Braucht man doch kein Golfbesteck.

Einst nun bei Gelegenheit
Findet Pointer sich bereit,
Nur als Caddie sozusagen,
Eine Golfpartie zu wagen.
Pünktlich steht der dreier Flight
Sonntagfrüh zum Start bereit.
Hier er mit Erstaunen sieht,
Was am Abschlag so geschieht.

Erst prüft jeder ungehemmt,
Ob nicht irgendwo was klemmt
Und nimmt dann nach diesem Check
Sich ein Holz vom Golfbesteck,
Um zunächst vor allen Dingen
Kräftig auf und ab zu schwingen.
Jetzt erst wählt man, völlig locker,
Für den Schlag den richt'gen Hocker,
Denn der Start – du meine Güte! –
Ist beim Golf die halbe Miete.
Gleich danach, so ist es Mode,
Nimmt man eine Bodenprobe,
Prüft damit noch ganz geschwind,
Wo kommt her der Seitenwind.
Last, not least dann in die Knie,
Rechtes Auge übers Tee
Schaut man, unbeeindruckt noch,
Gradewegs zum ersten Loch.
Nun erst, fest den Ball im Blick,
Kehrt zum Abschlag man zurück.

Der Erste haut, das ist der Clou,
Mit vollem Schmackes kräftig zu,
Doch leider bleibt – „zum Hunde kriegen!" –
Die Pille kurz vorm Abschlag liegen.
Doch da der Mensch nicht warten mag,
Versucht er gleich den zweiten Schlag.
Jedoch bekommen Kraft und Wut
Dem Ball in keinem Falle gut,
Deshalb erklingt in Pointers Ohr:
„Verdammter Scheiß!" sowie auch „Fore!".
Der Zweite übt noch mal voll Stolz
Erneut mit seinem ersten Holz,
Dann schlägt er, Mensch, da biste baff,
Gleich volle Pulle in das Rough.

Der Dritte aber immerhin
Kommt mit dem Schlag schon fast aufs Grün.
Inzwischen hat der Zweite schnelle
Den Ball entdeckt an andrer Stelle.
Auch Pointer scheint das komisch zwar,
Weil vorher dort kein Golfball war,
Doch da das Mogeln, jede Wette,
Beim Golf gehört zur Etikette,
Schweigt Doktor Pointer lieber still,
Dieweil er keinen Ärger will.
Nur Nummer Drei schimpft gleich: „Betrug!"
Und hat von diesem Flight genug.
Nun staut sich diese Zweierrunde
Und wartet fast 'ne Viertelstunde,
Weil eben dort beim dritten Grün
Drei Frauen ihre Bahnen ziehn.
Der fünfte Putt: – „Du dickes Ei!" –
Kurvt deutlich an dem Loch vorbei,
Drum sucht die Dame – „Herr Gevatter!" –
In ihrer Tasche andre Putter,
Obwohl doch jeder, will ich meinen,
Beim Golfen weiß, es gibt nur einen.
Jetzt schleicht sie langsam Schritt für Schritt
Zum Ball zurück: „Ich glaub es nit!"
Denn nun beginnt der alte Besen
Erneut noch mal das Grün zu lesen.
Allmählich steigt in Pointers Flight
Der Ärger und die Wut soweit,
Dass jeder selbst beim kurzen Putt
Inzwischen schwache Nerven hat.
Die Nummer Eins hackt diesohalb
Auf seinen Golfball mit Gewalt
Und flucht: „Verdammt! Was soll der Stuss!
Ich trinke Bier und mache Schluss!"

Jetzt schlägt nur einer noch die Bälle
Und Pointer führt die Scoretabelle.
Jedoch der Zweite das nicht mag,
Denn Pointer punktet jeden Schlag,
Drum Nummer Zwei am Neunten hat
Doc Pointer und das Golfen satt
Und lässt den Scorer ganz alleen
Am zehnten Abschlag einfach stehn.

Golfer brauchen, ohne Scherz,
Viel Geduld und cooles Herz,
Ferner aber permanent
Reichlich Fleiß und viel Talent.
Für Talente ohne Fleiß
Gibt's beim Golfen keinen Preis,
Mit dem Fleiß allein jedoch
Trifft man ebenfalls kein Loch.
Nur wer zehren kann von beiden,
Ist als Golfer zu beneiden.
All den andern rat ich drum:
Golf ist fast wie Opium,
Nutzet deshalb insoweit
Anderweitig eure Zeit,
Sonst lauft ihr als Krüppel noch
Bis zum Tod von Loch zu Loch.

Das „Duale" System

Pointer seufzt: „Was mach ich nur?
Jetzt hab ich zwar Abitur
Und ich weiß, obwohl studiert,
Nicht mal wie man Müll sortiert.
Schwarze Tonne, gelber Sack,
Blaue, grüne, heil'ges Pack!
Und im Urlaub – welche Wonne –
Manchmal noch 'ne braune Tonne."
Pointer steht drum morgens still
Vor den Tonnen mit dem Müll
Und er überlegt sich grade:
Welches Zeug in welche Lade?
In die Grüne kommt das Gras,
Dann, verdammt, wohin das Glas?
Schwarz für Restmüll, blau Papier,
Dummkopf! Und der Sack wofür?
Pointer dreht sich um verstört,
Weil er plötzlich Schreie hört:
„Mensch! Wer hat denn hier gewütet
Und das Buntglas eingetütet?
Pointer! Mann, begreif doch das,
Zum Container muss das Glas!"
Pointer steckt nun in die Taschen
Braune, grüne, weiße Flaschen,
Um sie früh am nächsten Morgen
Ganz nach Vorschrift zu entsorgen.
Irgendwann sieht er im Mai,
Als er kommt erneut vorbei,
Wie man hier das Sortiment,
Welches er mit Müh' getrennt,
Schmeißt ganz einfach ohne Klagen
Unsortiert auf einen Wagen

Und der Vorgang, sapperlot,
Zeitgerecht sich wiederholt.
Pointer hat sich ganz empört
Stante pe' beim Amt beschwert:
„Herr, verdammt! Warum denn nur
Machen sie die Prozedur,
Wenn man alles, wie es heißt,
Später dann zusammenschmeißt?"
„Erstens", spricht der Amtesmann,
„Geht das Ganze sie nichts an,
Trotzdem will ich ihnen sagen,
Dass sie hier zu Unrecht klagen,
Denn dieweil nicht konsequent
Hier nach Vorschrift wird getrennt,
Kriegen wir sogleich vor Ort
Für den ganzen Abtransport
Kaum noch Geld für unsre Taschen,
Weil das Glas taugt nur für Flaschen.
Wenn wir aber nicht sortieren,
Wird vor allem es passieren,
Dass der Bürger schmeißt voll Wonne
Alles in die Restmülltonne
Und am End', versteh'n sie das?
Gibt's für alle kaum noch Glas
Und der Gläserindustrie
Geht der Rohstoff rasch perdu,
Diesohalb wird permanent
Stets kassiert nur ungetrennt. "

Pointer denkt sich Blödian,
Weiß doch jeder Bürgersmann,
Dass die Trennung garantiert
Vorher schon wird honoriert.
Wenn das aber, wie man sieht,
Von der Firma nicht geschieht,

Machen beide mit Entzücken
Den Profit auf Bürgers Rücken.
Außerdem heißt, wie fatal,
Dies System doch nur „Dual",
Weil der Bürger, wie wir wissen,
Zweimal wird dabei beschissen.
Einmal, weil wir Zeit verlieren,
Während wir das Glas sortieren
Und dazu lässt die Behörde,
Ungeachtet der Beschwerde,
Uns noch zahlen justament,
Weil wir alles „falsch" getrennt.
Wer nun meint, das wär nicht wahr,
Schau sich an, wie Jahr für Jahr
Stets der Satz für Grund und Boden
Und den Müll wird angehoben.

Der „blinde" Nachbar

Pointer müde und kaputt
Eines Abends packt die Wut
Und, bis die sich abgekühlt,
Fährt er kurzerhand nach Sylt,
Alldieweil der Nordseewind
Ist auch gut für Frau und Kind.
Dort muss immer er am Morgen
Erst die Brötchen rasch besorgen.
Vor dem Bäcker im Gedränge
Spürt er die geballte Menge
Fast so schmerzlich – ach herrje! –
Wie am Samstag auf der Kö.

Jeder drückt und wird geschoben,
Viele schimpfen, andere toben,
Nur weil einer – ei verflucht! –
Vorn das End' der Reihe sucht,
Denn es haben hier die Leut'
Selbst im Urlaub wenig Zeit.
Plötzlich kommt mit grauen Haaren
Dort sein Nachbar angefahren,
Stellt sein Fahrrad an die Ecke,
Nimmt dann für die kurze Strecke
Einen Stock, wie für die Blinden,
Um die Bäckerei zu finden.
Dann geht er mit schnellen Schritten
Einfach durch der Schlangen Mitten.
Keiner nimmt jetzt Anstoß dran,
Dass der Mensch nicht warten kann.
Einem Blinden macht man Platz,
Vorn ist er mit einem Satz.
Doch beim Rückweg, wunderbar,
Wird sein Auge wieder klar,
Denn es braucht der schlaue Bock
Kaum noch seinen Blindenstock.
Er verschwindet um die Ecken
Mit dem Rad doch ohne Stecken.
Pointer erst nach langem Warten
Endlich kann zum Frühstück starten.
Doch zu Haus' – Schockschwerenot! –
Hängt der Segen schief im Lot.
„Mensch mach hinne! Wird es bald!
Jetzt ist auch der Kaffee kalt.
Herrgott sacra! Vor 'ner Weile
Kam dein Nachbar ohne Eile
Mit den Schrippen unterm Arm
Auf dem Fahrrad angefahr'n.

Nur wenn du sollst Was besorgen,
Dauert das den ganzen Morgen!"
Pointer fühlt sich sehr frustriert,
Dass ihm so etwas passiert
Und dass man ihm die Geduld
Vorwirft als wär's seine Schuld.

Pointer denkt sich: Schwamm darüber!
Dieses Egomanenfieber
Ist in unsrer Republik
Grad bei Wessis cool und schick,
Denn hier jeder sucht nach Lücken,
Um sich vor der Pflicht zu drücken.
Gut ist, wer mit halber Kraft
Selbst sich einen Vorteil schafft.
Besser noch und höher oben
Lebt der Mensch mit Ellenbogen.
Weil man dadurch alsogleich
In der Regel wird auch reich,
Ist im Ganzen dies System
Bei den Deutschen angesehn.

Der Auffahrunfall

Pointer fuhr mit seinem Wagen
Abends ohne Hast nach Hagen,
Als von links – verdammter Kram! –
Einer ihm die Vorfahrt nahm.
Pointer bremst, – jedoch zu spät –
Denn es knallt, bevor er steht.
Wortlos und mit starrem Blick
Schaut er auf das Missgeschick
Und er sieht, es ist zum Heulen,
Vorn am Wagen dicke Beulen,
Doch weil keiner jemals Schuld,
Kommt zum Ärger bald Tumult,
Bis dann beide statt Pistolen
Endlich die Polente holen.
Die hat erst mal aufgenommen,
Wie es zu dem Crash gekommen.
Da nun, wie es oft geschieht,
Jeder sich im Rechte sieht
Und 'ne Lösung nicht in Sicht,
Kommt der Streit vors Amtsgericht.
Dort der Richter, dem das stunkt,
Bringt den Vorfall auf den Punkt:
„Vorfahrt hin und Vorfahrt her,
Hierum geht es jetzt nicht mehr,
Weil für mich das Hinterteil
Gilt als Korpus alldieweil,
Wer von hinten draufgeknallt,
Hat geschlafen dergestalt.
Diesohalb halt ich für Recht,
Wer von rückwärts kommt, der blecht!
Kommt allein die Front zu Schaden,
Will der Fahrer dieses Wagen,

Abgesehn von andren Dingen,
Seine Vorfahrt stets erzwingen."

Darum vergeblich und mitnichten
Suchst du dein Recht vor den Gerichten
Und weil das ist der Regelfall,
Knallt es in Zukunft überall.
Auch du nimmst ohne Unterlass
Bei Vorfahrt nicht den Fuß vom Gas,
Denn fährst du hinten einem rein,
Trägst du die Schuld fast ganz allein,
Doch kommt dabei dein Heck zu Schaden,
Musst du die Kosten selten tragen.

De jure äh … que

Pointer stört so allerlei
An der Rechtsverdreherei.
Erstens fragt er sich indes:
Wiesohalb nur ein Prozess
Dauert bei 'ner Kleinigkeit
Immer eine Ewigkeit?
Zweitens: Müssen die Gebühren
Stets zu solchen Kosten führen?
Ferner sind Gesetzesbücher
In der Regel rote Tücher,
Weil sie alles komplizieren
Und als Quantum imponieren.
Meistens heißt es sowieso
Allenfalls in dubio,
Drum es leider oft passiert,
Dass man den Prozess verliert.

Ist es trotzdem vorgekommen,
Dass man einmal hat gewonnen,
Sehen schon die Landgerichte
Alles in ganz andrem Lichte.
Sollte man, das kann passieren,
Ebenfalls dort reüssieren,
Wird das Urteil garantiert
Regelmäßig revidiert
Und geht dann, oh welche Tücke,
An die Vorinstanz zurücke.

Drum ist, ob Recht dir Vorteil schafft,
Juristisch oftmals zweifelhaft.

So zum Beispiel, wenn aus Not
Einer stiehlt sich mal ein Brot
Oder wenn ein kleiner Sünder
Steht mit seinem Viertelpfünder
Mehrmals wieder – wie kommod –
Absolut im Haltverbot.
Beide haben per Gesetze
Bald im Kittchen freie Plätze.
Doch wenn Reiche zum Vergnügen
Durch Betrug ihr Glück verbiegen,
Sei es, dass man fremdes Geld
„Aus Versehen" einbehält,
Sei es, dass man seine Leute
Prellt durch eine krumme Pleite
Oder dass man, was verpfuscht,
Jahrelang geschickt vertuscht,
Dann sich dieses oft bewährt,
Weil der Vorgang rasch verjährt.
Ferner fehlen oft Finanzen
Für den Rechtsstreit durch Instanzen

Und dazu noch Kapital
Für Juristen seiner Wahl.
Arme müssen bei den Summen
Diesohalb im Knast längst brummen,
Nur der Reiche sintemalen
Diesen Irrsinn kann bezahlen.

Mit diesem deutschen Rechtssystem
Lebt sich's für Reiche ganz bequem.
So kann bei klaren Tatbeständen
Ein Urteil ganz verschieden enden,
Denn zwischen Recht und Recht zu kriegen,
In vielen Fällen Welten liegen.
Drum fänd es Pointer ganz gescheit,
Wenn jeder käm' bei einem Streit
Mit tief verhülltem Angesicht
Stets ohne Beistand zum Gericht.
Dann könnte keiner mehr erkennen,
Wodurch sind Arm und Reich zu trennen.
Das gleiche Recht gilt dann für alle:
Im armen, wie im reichen Falle.

Im Fischgeschäft

Fische sind aus gutem Grund
Dreimal wöchentlich gesund
Und dann sollten sie ganz frisch,
Zart gedünstet auf den Tisch.
Als nun Pointer noch am Morgen
Will den Fisch sich selbst besorgen,
Trifft er an der Ladentür:
„Siehe da, Frau Bütefür!"

Pointer nimmt es mit Humor
Und lässt diese Dame vor.
Langsam rückt die Schlange dann
Peu à peu zum Tresen ran.
Dort sucht jetzt die Bütefür
Ihren Zettel aus Papier
Und, dieweil sie keine Eile,
Dauert das halt eine Weile.
Dann lässt sie – da ist sie eigen,
Sich komplett die Ware zeigen
Und bestellt nun – wie infam –
Portioniert je fünfzig Gramm.
Dann von dem, nicht zu kapieren,
Will sie erst mal was probieren.
Während sie genüsslich schmatzt,
Pointer sich nervös schon kratzt.
Schließlich nach 'ner Viertelstund'
Wischt sie sich noch mal den Mund
Und bestellt, Herr Gott im Himmel,
Siebzig Gramm garniert mit Kümmel.
„Ach – und von dem Fischsalat
Möcht ich gerne auch noch wat!
Dreißig Gramm." – Herr, sakrament!
Nimmt denn das hier gar kein End'? –
„Kann es diesmal, bitte sehr,
Von dem bisschen etwas mehr?"
„Nein!" – Doc Pointer schwillt der Kamm. –
„Ich davon möcht dreißig Gramm."
Nunmehr, das ist noch das Beste,
Will dazu sie Heringsreste,
Die das Fräulein, wie befohlen,
Muss erst aus dem Keller holen.
Doktor Pointer, ganz verzagt,
Krampfhaft an den Lippen nagt,

Da ist bald – Mensch, wär' das schön! –
Gleich das Ende abzusehn.
Nein! Verdammt und sapperment!
Jetzt geht alles noch getrennt
Und sie zahlt – gemach, gemach –
Cent für Cent jetzt den Betrag.
Pointer hat nun unterdessen,
Was er wollte längst vergessen
Und sitzt heute ohne Fisch
Ganz frustriert am Mittagstisch.

Der Schilderwald

Pointer stets ist hell empört,
Wenn er mit dem Auto fährt
Und er sieht am Straßenrand
Wieder eine Schilderwand.
Vorsicht Vorfahrt! Stopp bei Staus!
Achtung Kurve! Gradeaus!
Fünfzig! Dreißig! Schranke! Halt!
Oh, verdammter Schilderwald!
Freie Fahrt und Haltestelle!
Einbahnstraße! Vorsicht Delle!
Ampeln, Schilder, Pfeil und Strich
Wie rasant vermehren sich.
Parkverbote, Rechtsabbieger,
Einfahrt, Ausfahrt, Vorsicht Flieger!
Noch am kleinsten Stückchen Strand
Steht der Hinweis: Vorsicht Sand!
Pointer fragt sich sorgenvoll,
Wo das einmal enden soll?

Denn in dieser Republike
Findet man kaum Straßenstücke
Die, anstatt mit Schilderzäunen,
Sind umsäumt von grünen Bäumen.
Weil die Seuche so grassiert,
Doktor Pointer demonstriert
Und stellt just in Großformat
Vor das Rathaus dies Plakat:

Bürger! Lasst uns endlich handeln!
Schilder unser Land verschandeln!
Fällt nun endlich diesen Wald!
Bald!

Doch sofort das Ordnungsamt
Macht ihn polizeibekannt.
Pointer, es ist kaum zu fassen,
Muss den Rathausplatz verlassen
Und dann wegen Schildermalen
Auch noch saftig Buße zahlen.
Gleiches Recht und gleiche Pflichten
Gibt's in diesem Land mitnichten.
Hier selbst Unsinn ist korrekt,
Wenn ein Amt dahintersteckt.

Die „gekaufte" Lehrstelle

Es gehört zum guten Ton,
Dass der Mensch zeugt einen Sohn.
Weil nun Pointer schon vor Jahren
Ist in diesem Sinn verfahren,
Diesohalb braucht er geschwind
Jetzt 'ne Stelle für sein Kind.
Nach Gesprächen hin und her,
Was denn wohl am besten wär,
Hat der Sohn sich – Gott sei Dank –
Schnell entschieden für die Bank.
Leider, wie Erfahrung lehrt,
Sind die Plätze sehr begehrt.
Drum kann es auch nicht verblüffen,
Dass die Banken erstmals prüfen,
Ob ein jeder Kandidat
Auch das Zeug für so was hat.
Auf die Prüfung – dann allein –
Folgt ein Wort im Kämmerlein
Und am Ende ein Edikt,
Wer den Posten wirklich kriegt.
Für den Ausgang dieser Wahl
Die Bewerbung ist egal,
Denn es wird nur eingestellt,
Wer sich an die Regeln hält:
Erstens, wer hier nicht bekannt
Oder mit dem Chef verwandt,
Ferner, wer im Habet gar
Nie ein guter Kunde war,
Hat bei diesem Wahlprinzip
Keinen Platz im Bankbetrieb.
Pointer hat drum, optimal,
Vorgesorgt für diesen Fall

Und hat vor den Prüfungstagen
All sein Geld zur Bank getragen.
Außerdem bei den Genossen
Hat er Darleh'n abgeschlossen,
Dass die Bank bei ihm dafür
Kann kassieren die Gebühr.
Hierdurch sicher mitbedingt
Dieser Stellencoup gelingt.

Heute braucht man keinen Schimmer
Gleich für welchen Job auch immer.
Selbst der größte Scharlatan
Kommt an jede Stelle dran,
Wenn er nur an Geistes statt
Richtig viel Beziehung hat.

Delirium febrilis

Pointer lag mit hohem Fieber
Einst in seinem Bett danieder
Und er sah, man glaubt es kaum,
Ganz real im Fiebertraum,
Wie er, statt im Praxisstuhle,
Wieder saß in seiner Schule.
„Morgen Kinder! Alle setzen!
Ruhe! Ruhe! Nicht mehr schwätzen!
Kladde raus! Allez! Allez!
Heut gibt es ex tempore!"
Nach 'ner guten halben Stund'
Wird es Pointer dann zu bunt.
Schüchtern hebt er seine Hand,
Alldieweil er komisch fand,

Dass der Text von Lehrer Knoche
Ist ja der von letzter Woche.
Knoche völlig irritiert,
Hat die Kladden einkassiert
Und mit Schweiß auf dem Gesichte
Prüft er à la main Geschichte.
„Kinder!", ruft er: „Könnt ihr sagen,
Wann und wo wurd' Rom geschlagen?
Pointer! Ich seh's am Gesicht,
Du weißt dieses wieder nicht!"
Pointer grinst aus Übermut,
Weil er's wirklich wissen tut.
Doch der Lehrer – ist das fair? –
Fragt den Nächsten, bitte sehr.
Kurz danach im Unterricht
Pointer mit dem Nachbarn spricht,
Drum muss er sich bis zum Schellen
Strafweis' in die Ecke stellen.
Damals gab es analog
Einen Strafenkatalog:
Sonderstunden, Strafarbeiten,
Waren für die Kleinigkeiten,
Wenn dem Schüler immerhin
Kam noch Reue in den Sinn.
War jedoch der Schwerenöter
Wiederholter Missetäter,
Wurden bis zum Haarausreißen
Alle Strafen gutgeheißen.
Schließlich, wer nicht fügte sich,
Kriegte seinen ersten Strich
Und bei dreien dann per se
War das Abi schon passé.
Keiner konnte aufbegehren
Oder sich dagegen wehren,

Wenn die „alten" Pädagogen
Ihre Strafen überzogen.
Immer hieß es: „Schnauze halten!
Pflicht erfüllen wie die Alten,
Nur nicht denken, niemals fragen,
Stets gehorchen ohne Klagen!"
Diesohalb wurd dies System
Schon für Schüler zum Problem.
Pointer mitten in der Nacht
Schweißgetränkt ist aufgewacht
Und er überlegt dabei,
Wie das wohl zu ändern sei.
Erstens muss man die maroden,
Überholten Lehrmethoden
Mit den alten Lehreliten
Allesamt sofort verbieten.
Zweitens wird es allzeit nützen
Pressefreiheit streng zu schützen
Und zudem, ist auch nicht schlecht,
Achte man auf Menschenrecht.
Das allein gibt die Gewähr,
Dass in Zukunft niemals mehr
Nazis können, just wie Narren,
Völker spannen vor den Karren
Und erneut mit Kriegsgelüsten
Wiederum die Welt verwüsten.
Pointer weiß, wenn heute wieder
Radikale grölen Lieder
Und versprühn ohn' Unterlass
Naziterror, Judenhass,
Muss die Mehrheit aufbegehren,
Darf nicht schweigen, soll sich wehren.
Nur wenn alle voll und ganz
Kämpfen für mehr Toleranz,

Verhindern, dass in Wählerlisten
Gibt es Kreuze für Rassisten
Und ein jeder sich bemüht,
Dass es keine Kriege gibt,
Bleibt der Frieden dergestalten
Für die Nachwelt noch erhalten.

Herr und Hund

Es gibt in unsrem Staatenbund
Vergleichbar nichts wie Herr und Hund,
Denn beide sind cum grano sal'
Als Lebenspartner ideal.
Kaum sitzt der Herr der Ruhe wegen,
Will sich das Hündchen gleichfalls legen
Und geht der eine hintern Strauch,
Muss bald der andre sicher auch.
Bellt einerseits der Rüde schrill,
Ist keineswegs der Halter still
Und umgekehrt, wenn Herrchen murrt,
Dann ebenfalls der andre knurrt.
Auch hört man oft bereits von Weiten
Wie Hunde sich und Herren streiten,
Nur weil ein Weibchen sichtlich heiß
Den Rüden lockt mit ihrem Steiß.
Doch wehe, dieser naht dem Pöter,
Dann gibt es Prügel für den Köter,
Denn stets agiert ein Hundeherr
Allergisch auf Geschlechtsverkehr.
Natürlich ist aus Haltersicht
Gehorchen erste Hundepflicht,
So wird, weil alle abgerichtet,
Auf Leinenzwang primär verzichtet

Und wenn ein Hund dann j.w.d.
Verbellt im Wald ein scheues Reh,
Dann tuen das im Regelfall
Ja quasi nur die andren all.
Der eigne Hund macht dergestalt
Beim Pfiff auch ohne Leine halt.
Im Allgemeinen en tous cas,
Sind Herr und Hund ein Ehepaa',
Denn wenn der eine einmal leidet,
Der andre auch die Speisen meidet.
Ja beide schlürfen, ach wie nett,
Vom gleichen Teller im Duett
Und kuscheln immer, wie ich wette,
Natürlich auch im selben Bette.
Dabei sind beide zu bequem,
Bei schlechtem Wetter weit zu gehn,
Deswegen wird der Trottoir
Vorm Nachbarhaus zum Pissoir
Und wenn dann endlich hiero itzt
Der letzte Tropfen ist verspritzt,
Dann nehmen beide sich zum Ziele
Den nächsten Platz für Kinderspiele
Und wenn mal wirklich Kinder dort,
Jagt Herr und Hund sie alle fort.
Ja alles wäre wirklich bon
Und jeder würd' als Attraktion
Sich Hunde als Begleitung kaufen,
Wenn da nicht wärn die Hundehaufen.
Es trotzdem klagt der Hundeherr,
Wenn wieder wird die Steuer mehr.
Er lauthals schimpft: „Wär doch gelacht!
Der meine keine Haufen macht!
Was kümmert's mich, wenn auf den Straßen
Dort Hundekot wird hinterlassen.

Der Mensch zudem, oft gar nicht fein,
Hebt hier und da sein Hosenbein
Und keiner denkt sich was dabei,
Denn der darf so was steuerfrei!"
Und die Moral von der Geschicht':
Kein Halter sieht mehr seine Pflicht,
Jetzt überall liegt Hundedreck,
Weil keiner macht die Haufen weg.
Deshalb solange Straßen kehrbar,
Sind Herr und Hund fast unbelehrbar.

Der neue Pass

Pointer war zur Zeit der Mauer
Intensiver Tunnelbauer,
Doch seitdem man ihn verraten,
Musst' er stets per Flugzeug starten,
Wenn er litt mal wieder doller
Am Berliner Inselkoller.
Als nun Pointer ein paar Wochen
Hatte Heimatluft gerochen,
Wollte er per Flug und Bahn
Mit Tui fly nach Teheran.
Leider nur, zum Haare raufen,
War sein Pass grad abgelaufen
Und im Amt der Bürokrat
Lapidar entschieden hat,
Dass sein Ausweis ungefähr
Erst nach Monden fertig wär.
Pointers Kniee wurden weich,
Denn er braucht den Pass sogleich.

Trotzdem denkt er, sachte, sacht!
Mensch das wäre doch gelacht,
Wenn ich, da hört auf der Spaß,
Nicht sofort bekäm den Pass.
Da ich weiß, dass ohnehin
Man schickt stets nach West-Berlin
Einen Pass nur per Dekret
Mit viel Aufwand als Paket,
Spricht er drum: „Mein lieber Mann,
Alldieweil ich warten kann,
Senden sie mir alsobald
Meinen Pass nach Grunewald."
Als der Doc zur Türe geht,
Der vom Amte vor ihm steht.
„Bitte, dass ich sicher bin,
Meinten sie grad West-Berlin?"
Drauf hat er without Gelaber,
Ohne großes Wenn und Aber,
Gleich den neuen Pass vor Ort
Fix und fertig und sofort
Freudstrahlend ganz entzückt
Selbst in Pointers Hand gedrückt.

Leider lehrt der Regelfall,
Dass die Bürokraten all
Führen sich in allen Staaten
Auf wie wahre Potentaten.
Will man gegen sie gewinnen,
Muss man sie zur Arbeit zwingen,
Sonst bleibt stets der Bürger wieder
Oft frustriert nur zweiten Sieger.

Ein Besuch im Pflegeheim

Pointer ist noch ganz schockiert,
Über das, was heut passiert:
Grade kommt er wieder rein
Vom Besuch im Pflegeheim.
Dort empfing ihn Berta Bocke,
Die jetzt lebt im dritten Stocke
Und belegt dort ganz allein
Eine Suit' im AWO-Heim.
Pointer fragte, wie sie hier
Das bezahle trotz Hartz vier.
„Siehste wohl, da guckste blöd,
Weil's in deinen Kopf nicht geht,
Du hast Tag und Nacht rabottet,
Bist zur Praxis auch getrottet
Selbst an Sonn- und Feiertagen,
Wie an manchen Urlaubstagen,
Trotz und dem kannst wie die Meisten
Du dir hier kein Zimmer leisten.
Ich hab nie in meinem Leben
Irgendetwas abgegeben,
Hatte keinen Job bis heuer,
Zahlte niemals eine Steuer
Und deswegen, meine Güte,
Zahlt das Amt jetzt die Suite."
Pointer denkt, ich hör nicht recht
und es wird ihm furchtbar schlecht,
Denn er weiß, dass sappermente,
Er allein mit seiner Rente
Sich mit seiner Frau fortan
Hier kein Zimmer leisten kann.
Pointer hat für heut genuch
Und beendet den Besuch.

Lange, wie ein Tinnitus,
Hört im Traum er mit Verdruss
Stimmen, die im Ohr erklingen
Und wie Witwe Bocke singen:
„Nie im Leben und bis heuer
Keine Arbeit, keine Steuer.
Du bist dumm und ich bin clever
Und das bleibt so ever, ever!"

Urlaub auf Fuerte

Pointer packte seine Sachen,
Denn er wollte Urlaub machen
Und so flog er, wie seit Jahren,
Auf die Insel der Kanaren.
Schon des Mittags war er da
Just am Strand von Jandia.
Kaum dreht dorten er sich um,
Sieht er, dass das Publikum
Hier ist, Mensch sind die beknackt,
Vorzugsweise splitternackt.
Pointer schimpft, ob dieser Seuche,
Weil er sieht nur dicke Bäuche
Und dazu, nebst tiefen Falten,
Hängebusen bei die Alten.
„Damned!", flucht er, „denn die meisten
Können Nacktsein sich nicht leisten.
Trotzdem zeigen viele, wow!,
Allseits ihr Geschlecht zur Schau,
Dass im Ganzen, ohne Witze,
Sonne kommt in jede Ritze.

Nur die Schönen, wie die Drallen,
Die ihm täten wohl gefallen,
Tragen alle quelque chose,
Büstenhalter oder Hose."
Als nun Pointer int'ressiert
Die Nudisten kontaktiert,
Alldieweil er wollte gern
Wissen, ob sie Deutsche wärn?
Hört er bald und das ist Fakt,
Nur Germanen sind hier nackt.
Pointer voller Schamgefühle
Meidet jetzt die Strandidylle
Und in Zukunft generell
Badet er nur im Hotel.
Dort jedoch schon in der Frühe
(Pointer gab sich wirklich Mühe)
Waren, er ist ganz entsetzt,
Alle Stühle gleich besetzt,
Denn dort lag, zum Hunde kriegen,
Deutsches Tuch auf allen Liegen.
Pointer denkt für sich allein,
Das kann's nicht gewesen sein.
Nachts legt er sich auf die Lauer
Und belegt sofort auf Dauer,
Statt der Tücher der Germanen,
Jeden Platz mit Englands Fahnen.
Diesohalb kennt die Gemeinde
Früh um fünf Uhr nur noch Feinde
Und der Pool, mit einem Satz,
Wird zu einem Kriegsschauplatz.
Als Doc Pointer nunmehr sah,
Was im Einzeln hier geschah,
War er erstens tief erschüttert
Und beschloss zudem verbittert:

Nie verrat' ich, niemals mehr,
Urlaubmäßig wo ich her!

Der clevere Raucher?

Keiner liebt im Generellen
Bauarbeiter und Gesellen,
Denn die machen husch und husch
Neben Dreck auch häufig Pfusch.
Da bei Pointers dergestalt
Heut die ganze Bude kalt,
Ruft der Doktor ganz spontan
Seine Heizungsfirma an,
Die nach einer Wartefrist
Schließlich auch gekommen ist.
Weil der Meister, was zu loben,
Schnell den Schaden hat behoben,
Raucht er mit Genuss und froh
Erst mal eine Marlboro.
Pointer, als er dieses sieht,
Denkt sich, Mensch lass doch den Schiet
Und spricht laut: „Mein lieber Mann,
Klug wird nur wer lesen kann,
Drum auf jeder Packung eben
Steht, dass Rauchen tötet Leben!"
„Doc, dieweil sie sich beklagen,
Will ich ihnen offen sagen,
Auf die Schachtel, ich war platt,
Man doch fett geschrieben hat,
Dass das Rauchen, sapperment,
Männer mache impotent.

Diesohalb, das war mein Glück,
Bracht die Packung ich zurück
Und verlangte unverzagt
Lieber was für Herzinfarkt."
Pointer denkt sich ganz perplex:
Alle Welt spricht nur von Sex,
Furcht vor seinem Tod an sich
Hat der Mensch in Wahrheit nich'.
Außerdem vor allen Dingen
Sieht man was Gesetze bringen,
Wenn der Bürger absolut,
Was bezweckt wird, gar nicht tut.

Pointers Traum

Doc Pointer lag im Schlaf alleine
Und träumte in der Nacht,
Dass neben ihm säß Heinrich Heine.
Da ist er aufgewacht.
Er rieb sich noch die Augenlider
Und fürchtet', halb im Traum,
Der Dichterfürst verschwände wieder,
Drum rührte er sich kaum.

„Mein Freund!", sprach Heine, „lass uns gehn
Noch heut' zur Loreley.
Ich will noch einmal Deutschland sehn,
Ob es wie damals sei."
Sie stiegen über steile Pfade,
Er weinte stumm dabei,
Denn auf dem Felsen schnitt sich grade
Die Haare – Loreley.

„Dein Haar!", Doc Pointer schrie vor Schreck,
„Halt ein! Halt bitte ein!"
Es nutzte nichts, schon war es weg
Und wehte in den Rhein.
Schon griff die Hand nach ihr, jedoch
Freund Heine rief: „Lass ab!
Jetzt leider hier am Binger Loch
Zieht's keinen mehr hinab.
Die ‚alte‘ Lore gibt es nimmer,
Sie klagt dem Fels ihr Leid,
Denn um die Rheinfahrt steht es schlimmer
Als je zu meiner Zeit.
Und dort in Richtung Sieben Berge,
Mein guter Freund schau her,
Da kriechen noch dieselben Zwerge
Wie damals nur noch mehr.
Man geht in Jeans jetzt statt in Seide,
Die Welt ist ‚cool‘ und ‚geil‘.
Mit Geld erkauft man Freund und Freude
Und alles scheint wohlfeil.
Sieh nur mein gutes, altes Bonn!
Mir tut die Seele weh,
Weil Hass und Neid und Korruption
Ich dort verbreitet seh.
Dazu wird jeder Scharlatan
Mit Orden dekoriert,
Dieweil der echte Ehrenmann
Im Elend vegetiert.
Zeig mir, mein Freund, wo ist noch Liebe
Und wahres Christentum!
Die Feigheit steht an jeder Wiege
Und Ehrlichkeit ist dumm.
Als ich einst, ich erinnre mich,
Mein Verslein hab gemacht,

Das wohlbekannte ‚Denke ich
An Deutschland in der Nacht …‘,
Ich hab mit keiner Silbe je
Im Traum mir vorgestellt,
Dass Deutschland und sein Renommee
Moralisch so tief fällt.
Mein Gott! Was damals ich verdammte,
Was ist das gegen heut,
Denn selbst die Schurken, die ich kannte,
Wär'n jetzo Edelleut.
Mein Freund! Ich bitt' dich, lass uns gehen!"
So sprach der Dichter jetzt:
„Ich hab' bereits genug gesehn
Und bin zutiefst entsetzt.
Versprich mir drum: Wenn ich zur Ruh
Steig wieder in mein Grab,
Dann mach den Deckel richtig zu
Und schließ ihn dreifach ab!"

Der Traum macht' Pointer ärgerlich,
Ihm war kotzübel schlecht,
Doch tief im Innern sagt er sich,
Der Heine hat ja Recht.

Der Weihnachtsbaum

Jedes Jahr zum Weihnachtsfeste
Gibt es Ärger und Proteste,
Weil nun ja bei jedem Ding
Die Geschmäcker anders sind.
Grad deshalb bei dem Aspekt
Wird der Baum zum Streitobjekt.
Pointer folglich wünscht penibel
Zu vermeiden dieses Übel
Drum sucht er landab, landauf
Einen Baum für seinen Kauf.
Alldieweil das Baumniveau
Hier so schlecht wie anderswo,
Hat er rasch das Suchen satt
Und nimmt schließlich irgendwat.
Erst zu Hause merkt er bald,
Dieser Baum ist dergestalt,
Dass er ihm mit großer Müh'
Kürzen muss die Heckpartie,
Weil nun ja des Stammes Fuß
In den Ständer passen muss.
Diesen, nun ersichtlich kleiner,
Macht er fest auf einem Eimer,
Dass man nicht schon an der Größe
Kennt des Weihnachtsbaumes Blöße.
Doch der Baum, der maledeite,
Neigt sich stets zu einer Seite,
Diesohalb die Prozedur
Geht mal hin und noch retour.
Endlich steht er grad – jedoch
Hat er unten jetzt ein Loch.
Kürzen ist nun ohnehin
Bei dem Bäumchen nicht mehr drin.

Pointer bohrt drum ganz famos
Löcher in des Stammes Schoß,
Um dort Äste reinzustecken,
Die den Makel dann verdecken.
Leider hat er ungeschickt
Weitere Zweige umgeknickt
Und nun ist die Kreatur
Von erschrecklicher Natur.
Da die Tanne so misslungen,
Feiern Pointers notgedrungen
Dieses Mal das Weihnachtsfeste
Mit 'ner Vase voller Äste.

Man sieht daran vor allen Dingen,
Dass Bagatellen Ärger bringen
Und außerdem ist unbedacht
Der meiste Stress oft hausgemacht.

Der mühsame Vers

Wenn Pointer, es ist fast pervers,
Gelang mit Mühe mal ein Vers,
Dann glaubte er voll Schwärmerei,
Dass er ein großer Dichter sei.

Als diesohalb im Hochgefühl
Das Dichten wurd' sein Lebensziel,
Fiel jetzo ihm das Reimen schwer,
Denn plötzlich war sein Akku leer.

Geriet mal trotz und alledem
Ihm ein beachtliches Poem,
Hieß es bald hinter hohler Hand:
Die Verse sind doch längst bekannt.

Ich las sie neulich erst bei Nacht,
Die sind von dem und dem gemacht
Und ganz egal von wem auch immer
Von Pointer sind die nie und nimmer.

So wurd', was uns erfreuen könnte,
Gar trist, weil niemand es ihm gönnte,
Denn leider, wenn wir Großes schaffen,
Umgeben uns auch neidisch Affen.

Epilog

Pointer nach dem letzten Strich
Schwört für alle Zeiten sich:
„Niemals wieder, nochmals nein,
Will ich Doktor Pointer sein!
Denn zum Ersten, wie gesagt,
Sind heut Verse kaum gefragt,
Außerdem liest jeder nur
Seine eigne Partitur
Und da quasi alle Leute
Selber sind Autoren heute,
Wird aus meinem Reimbrevier
Sicherlich bald Altpapier.
Liest nun aber, ohne Witze,
Einer meine Geistesblitze,
Lauert ständig insoweit
Überall der pure Neid
Und im Lichte der Gerüchte
Wird man schnell zum Bösewichte.
Ach! Was soll ich auch am Ende
Reden gegen taube Wände
Und was kann ich letztlich nun
Gegen all die Dummheit tun?
Keiner wird nur meinetwegen
Seine Leber trockenlegen,
Für die Dicken außerdem
Bleibt Diäten unbequem
Und die Raucher sowieso
Qualmen eh bis Ultimo.
Diesohalb aus diesem Grund
Halt ich ab sofort den Mund.“

Der Autor

Ich wurde im August 1939 völlig überraschend als Sohn des Kaufmanns Emil Millhoff in Hagen geboren. Kaum hatte sich die erste Enttäuschung über mein Geschlecht gelegt, denn meine Eltern wünschten sich sehnlichst eine Tochter, war wegen äußerer Umstände sowie wegen meiner schwächlichen Gesundheit Eile geboten und man taufte mich notfallmäßig auf den Namen Manfred. Als Vierter von Sechsen schon bald an Hiebe und Tritte gewöhnt, fand ich früh den kurvenreichen Pfad des geringsten Widerstandes und wurde so nach dem schmerzlichen Tod der Mutter der Schrecken ständig wechselnder Hausdamen bis man mich schließlich als hoffnungslosen Fall der lieblosen Atmosphäre eines Internates anvertraute. Dort auf dem kargen Boden der Disziplin, erblich belastet mit einiger Intelligenz, durchdrungen von einem festen Willen, ausgestattet mit reichlich Fantasie und ausgiebig versehen mit der Gabe des letzten Wortes, erkämpfte ich mir gegen die erklärten Wünsche eines ungerechten und humorlosen Lehrkörpers das Abitur und studierte anschließend in Göttingen und Berlin Medizin, ehe es mich, frisch verheiratet, nach Approbation und Promotion ins westfälische Unna verschlug. Hier sammelte ich erst als Assistenz-, dann als Oberarzt des katholischen Krankenhauses, später als Internist in eigener Praxis und als Vater zweier Kinder reichlich amüsante Erfahrungen und später selbst als Patient teils lustige, teils bittere Einblicke in den medizinischen Alltag, die ich meiner Leserschaft in „*Doktor Pointers Tagebuch*" weitergeben möchte. Außerdem interessierte ich mich schon als Schüler für *Äsopische Fabeln*, die bereits von La Fontaine so meisterlich ins Französische übertragen wurden, und so habe ich versucht in meinem Buch: *Fabeln für Kids* diese Fabeln auch dem deutschen Leser kurz und prägnant in Wort und Bild nahezubringen. Ein weiteres Hobby war für mich schon immer die Geschichte der frühen römischen Kaiserzeit. Vor allem konnte ich lange Zeit die katastrophale Niederlage der Römer gegen die taktisch und waffentechnisch unterlegenen Germanen nicht begreifen. Statt aber den uns in den Geschichtsbüchern vermittelten Untergang der römischen Legionen einfach zu akzeptieren, begann ich Fragen zu stellen, Antworten zu suchen und Lösungen zu finden, und schrieb seit 1995 zahlreiche Artikel und mehrere Bücher über dieses Thema und veröffentlichte kürzlich meine Ergebnisse in dem Buch: *Die Varusschlacht: Vom Mythos zur Wahrheit.*

Ihr

Manfred Millhoff

Abkürzungen und Fremdwörter

Abdomen	= Bauch
Adagio	= langsam (Musik)
Adebar	= Name für den Storch
à fonds perdu	= ohne Aussicht auf Wiedererlangen
à jour	= auf den neuesten Stand
heuteà la main	= mit der Hand
à la mode	= es ist Sitte
apriori	= von vornherein
apropos	= nebenbei
ad hoc	= bis jetzt
AG	= Aktien Gesellschaft
AG	= außergewöhnlich schwerbehindert
Albumine	= bestimmte Eiweiße
allez	= vorwärts
Akribie	= peinliche Genauigkeit
ALS	= Amyotrophe Lateral Sklerose
Anamnese	= Vorgeschichte einer Krankheit
Anabolika	= Aufbaustoffe
ante	= vor
Antihypertonika	= Mittel gegen Bluthochdruck
Anus	= After
AOK	= Allgemeine Ortskrankenkasse
apropos	= übrigens
aqua	= Wasser
AUF	= Arbeitsunfähigkeitsbescheinigung
BDM	= Bund Deutsche Mädchen
Becquerel	= Einheit für die Strahlenaktivität
benedeit	= gesegnet
Betablocker	= Medikament gegen Bluthochdruck
bona fide	= in gutem Glauben
Boni'-Heim	= Bonifatius Heim (Altersheim)
BWK	= Bundeswehr Krankenhaus

Caddie	= Junge, der die Schläger trägt
casus	= Fall
c'est la vie	= so ist das Leben
Chapeau	= Hut
Check-up	= Inspektion, Untersuchung
Chemotherapeutika	= chemische Heilmittel
Cher ami	= lieber Freund
Chose	= Sache
cito	= schnell
Clamore	= Geschrei
Clou	= Höhepunkt
Cologne	= Köln
comme il faut	= wie es sein muss
COOP	= Konsumgenossenschaft
coram publico	= vor aller Öffentlichkeit
Courage	= Mut
Coxarthrose	= Hüftgelenksverschleiß
Krux	= Kreuz
CT	= Computer Tomografie
cum grano salis	= über den Daumen, grob geschätzt
d'accord	= einverstanden
damned	= verdammt
de jure	= aus Rechtsgründenden
jure äh..que (aeque)	= gleiches Recht
Dekret	= amtliche Verfügung
Dekubitus	= Druckgeschwür
Dermatitis	= Entzündung der Haut
devot	= unterwürfig
digital	= mittels Ziffern (Finger)
Doppelblind	= Studie bei der Arzt und Patient nicht wissen welches Mittel verabreicht wird.
dubios	= verdächtig
Dulcolax	= Abführmittel
Dystonie	= Störung des normalen Spannungszustandes Muskeln, Nerven, Gefäße)

Edikt	= Erlass
EGO	= Ersatzkassen Gebührenordnung
Egomane	= übersteigerte Selbstbezogenheit
EKG	= Elektro-Kardio-Gramm
Elixier	= Zaubertrank
Elysium	= Paradies
empty	= leer
en bloc	= im Ganzen
en détail	= im Einzelnen
en passant	= im Vorbeigehen
tous cas	= in jedem Fall
Endemie	= Krankheit in bestimmten Gebieten
Esprit	= Geist
Establishment	= einflussreiche Gesellschaftsschicht
ex tempore	= aus dem Stegreif
expektorieren	= Auswerfen, Ausspucken
Falsi'kate	= Falsifikate, Fälschungen
Fauxpas	= Fehltritt
Fazit	= Ergebnis
Filou	= Schlingel
Flight	= Gruppe von Golfspielern
Fore	= Warnruf beim Golf
Fortune	= Glück
Gangrän	= Wundbrand
Gaudium	= Freude
Genese	= Ursache
Gelbe Scheine	= Formular für Arbeitsunfähigkeit
GOÄ	= Gebührenordnung für Ärzte
Gonarthrose	= Kniegelenksverschleiß
Grüner Schein	= Ausweis für Schwerbehinderte
„Gyno'logen"	= Gynäkologen, Frauenarzt
Habet	= Guthaben
Hepatitis B	= Form der Leberentzündung
Hocker	= Schläger beim Golf
Hausse	= Hochstand von Börsenkursen

hold the line	= in der Leitung bleiben
HWS	= Halswirbelsäule
in dubio	= im Zweifel
Infarktus imminens	= drohender Herzinfarkt
inkognito	= unbekannt
Insult	= Anfall
itzt	= veraltet für jetzt
Jure aeque	= gleiches Recht
justament	= gerade, genau
j.w.d.	= ganz weit draußen (berlinerisch)
Klimax	= Klimakterium, Wechseljahre
Kloß hystericus	= übertriebenes Schluckgefühl
Know-how	= Gewusst-wie
kommod	= bequem
Kontenance	= Haltung
KV	= Kassenärztliche Vereinigung
KVB	= Krankenvers. für Bundesbahnbeamte
last, (but) not least	= zu guter Letzt
Lege Artis	= nach den Regeln der Kunst
Libido	= Begierde
Lungenembolie	= Verschluss eines Lungengefäßes
ma cherie	= meine Liebe
malad	= krank
maledeit	= verwünscht
Malessen	= umgs. Schwierigkeiten (malaise)
malheur	= Unglück
marode	= müde, matt
Menu	= Essen mit mehreren Gängen
MdE	= Minderung der Erwerbsfähigkeit
Mesjöh, Müsjöh	= Monsieur, Herr
Misere	= Elend
Morbus Horner	= Arteriitis Temporalis
Mores	= Sitten
Moritat	= Bänkelsängerlied
multiforme	= vielgestaltig

nil nocere	= niemals schaden
notabene	= wohlgemerkt
obskur	= unklar
on dit	= Gerücht
Opponenten	= Gegner
opportun	= gelegen
parbleu	= bei Gott
Parenthese	= eingeschobener Teil eines Satzes
partout	= durchaus
passé	= vergangen
pekuniär	= geldlich
perdu	= verloren
per se	= von selbst
Pestilenz	= schwere Seuche
peu à peu	= allmählich
Philippika	= Strafrede, Standpauke
Philister	= engstirniger Mensch
Phimose	= Verengung der Vorhaut
Pläsier	= Vergnügen
Plazet	= Erlaubnis
please	= bitte
pleural	= das Rippenfell betreffend
Pneumonie	= Lungenentzündung
pointiert	= auf den Punkt gebracht
Potentat	= Machthaber
pour l'amour	= aus Liebe
power	= Macht
Practoclys	= Einlauf zum Abführen
Präventiv	= vorbeugend
prego	= bitte
Prick Test	= Test zum Feststellen von Allergien
prima vista	= auf den ersten Blick
Prostata Ca	= Krebs der Vorsteherdrüse
Pschyrembel	= medizinisches Wörterbuch
Putter	= Schläger beim Golf

Quantum	= bestimmte Menge
quasi	= gleichsam
quelque chose	= irgendetwas
Radiologen	= Facharzt für Strahlenheilkunde
Renommee	= Ansehen
Resümee	= Zusammenfassung
retour	= zurück
Rezidiv	= Rückfall
Rhus tox 4	= Medikament bei Ischias
Rough	= die ungemähten Spielbahnen b. Golf
RR	= Blutdruckmessung
RVO	= Reichsversicherungsordnung
RZA	= Riesenzellarteriitis
sans gêne	= ohne Zwang
Salär	= Lohn
Schalom	= Frieden (jüdischer Gruß)
Scheuermann der BWS	= Erkrankung der Brustwirbelsäule
'skopieren	= endoskopieren, spiegeln
Scoretabelle	= Zählkarte beim Golf
sine sine	= ohne alles
stante pede	= stehenden Fußes, sofort
Status	= Zustand
Stethoskop	= Hörrohr der Ärzte
Struma	= Schilddrüse
supprimieren	= unterdrücken
Szintigramm	= Untersuchung der Strahlenaktivität
Tbc	= Tuberkulose
Tee	= Abschlag beim Golf
Tetanie	= Krampf durch Überempfindlichkeit des Nervensystems
tetanischer Insult	= krampfartiger Anfall
tête-à-tête	= trautes Beisammensein
Thymus	= körpereigene Drüse
Tinnitus	= Ohrklingeln
Trachea	= Luftröhre

Ultimo	= der letzte Tag eines Monats
Ultraschall	= medizinisches Untersuchungsgerät
va bene	= geht gut
vakant	= frei
ventral	= zum Bauch gehörig
vermaledeit	= verdammt
Vestibül	= Vorhalle
vis-à-vis	= gegenüber
Zerebr'ose	= Zerebralsklerose
zero	= null
Zirrhose	= bindegewebige Wucherung der Leber

Besonders bedanken möchte ich mich bei meinem Freund und Kollegen Dr. Johannes Schücker, der mich immer ermuntert hat, endlich meine Versgeschichten zu veröffentlichen und auch gleich bereit war, vor dem Druck Korrektur zu lesen.